식당
골라
주는
남자

18년차
여행작가
노중훈의
여행의 맛

식당
골라
주는
남자

노중훈 글 | 사진

PROLOGUE

사나운 식탐, 관대한 식성, 맹렬한 식욕의 기록

95kg. 지금의 내 몸무게다. 키가 175cm이니 고도비만이다. 엄청나게 살이 쪘다. 원인은 간단하다. 사나운 식탐, 관대한 식성, 맹렬한 식욕을 주체하지 못해 허구한 날 과하게 먹어서다. 게다가 술도 좋아한다. 운동? 긴말하지 않겠다. 출장, 마감, '밥'이 내 일상의 9할을 차지하는 견고한 트라이앵글이다. 밥은 또 있다. 여행신문 취재부 기자 시절을 합쳐 햇수로 18년째 '여행밥'을 먹고 있다. 직업 탓에 그동안 나라 안팎을 무수히도 싸돌아다녔다. 여행이 아니고 출장이라 개인적인 에피소드나 추억은 거의 없지만 먹고 마신 흔적은 고스란히 살로 남았다.

민망하다. 여행 책 한 권 못 낸 여행작가가 맛집 책을 낸다는 것이. '먹방'과 '쿡방'의 홍수에 빗물 한 방울 보태는 것도, 맛을 잘 모르는 주제에 이처럼 거창한 책 제목을 붙인 것도 다 민망하다. 이 모든 민망함은 4년 전 처음 출연한 MBC 라디오 〈FM 음악도시 성시경입니다〉에서 비롯됐다. '늦여름에 가기 좋은 여행지'를 주제로 이야기를 나눴는데, 정작 제작진과 DJ 성시경 씨 귀에는 부수적인 음식 토크가 더 즐거웠던 모양이다. 당장 그 다음 주부터 팔자에도 없는 맛집 소개 코너를 고정으로 맡게 됐다. 처음에는 웃자고 한 일인데 점점 판이 커졌다. 생각보다 청취자 반응이 뜨거웠던 것이다. 정신이 번쩍 들었고, 그때부터 체계적으로(?) 더 열심히 먹으러 다녔다. 그전에는 맛집을 찾아다니기는커녕 식당 앞에 줄 서는 것조차 질색하던 나였다.

이 책에는 전국을 쏘다니며 들렀던 식당들, 〈FM 음악도시 성시경입니다〉나 〈테이의 꿈꾸는 라디오〉를 비롯한 각종 라디오 프로그램에서 소개했던 식당들, 드문드문 잡지나 신문을 통해 안내했던 식당들 그리고 내 단골집들을 그러모았다. 물론, '엔트리'에 빠진 식당도 많다. 한데 모인 104곳의 식당들을 물끄러미 들여다보니 작고, 허름하고, 오래된 식당을 좋아하는 내 취향이 고스란히 드러난다. 어떤 사람들은 격하게 공감할 것이고, 어떤 사람들은 고개를 갸웃거릴 것이며, 어떤 사람들은 콧방귀를 낄 것이다. 이렇게 말하면 무책임하게 들릴지 모르겠지만 개인의 취향, 타인의 취향이니 어쩔 수 없다.

고마운 사람이 너무 많아 일일이 열거할 수 없다. 아예 입을 닫는 것이 낫겠다. 마음이 전해지길 바랄 뿐이다. 원래는 프롤로그를 쓸 생각도 없었다. 겨울이 코앞이다. 된바람이 불면 맛이 오르는 제철 먹을거리부터 생각난다. 이번 생애 몸무게를 덜어내는 일은 요원하지 싶다.

2016년 늦가을 광화문에서

일러두기

◇ Info의 식당 주소는 도로명 주소로 소개되어 있습니다. 그중 도로명 주소로 표기할 수 없는 곳은 부득이 구주소로 소개되었습니다.
◇ 본문의 지역 명칭은 도로명으로 표기하는 데 어색함이 있어, 구주소 명칭으로 사용했습니다.
◇ Info에 소개된 메뉴와 가격은 변경될 수 있습니다.

CONTENTS

PROLOGUE 사나운 식탐, 관대한 식성, 맹렬한 식욕의 기록   4

이거 먹고 속 풀어

PLACE 1. 탕에 빠진 내장의 위엄 : 목화식당   16
PLACE 2. 부드럽게 어루만지다 : 반룡산   18
PLACE 3. 겨울을 기다리는 이유 : 외포등대횟집   20
PLACE 4. 성질 급한 갈치의 은혜로운 선물 : 네거리식당   24
PLACE 5. 평양냉면계의 넘사벽 : 우래옥   26
PLACE 6. 깨끗하게 맑게 자신 있게 : 호동식당   28
PLACE 7. 내 앞에 놓인 영혼의 닭고기 수프 : 황평집   30
PLACE 8. 칼칼하게 시작해서 달달하게 마무리 : 기장식당   32
PLACE 9. 군산 콩나물국밥의 자존심 : 일해옥   34
PLACE 10. 서울에서 만나는 최고 수준의 두부 : 황금콩밭   36

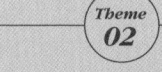

국수 먹고 갈래?

PLACE 1. 멸치의 힘 : 골막식당 · 파도식당   42
PLACE 2. 느리지만 꼼꼼하게 : 가타쯔무리   44
PLACE 3. 이런 짜장면 : 신성각   46
PLACE 4. 장작불 손국수 : 원조동곡할매손칼국수   48
PLACE 5. 맨얼굴의 막국수 : 성천막국수   50

PLACE 6. 은근하게 위대하게 : 진우네집국수   52
PLACE 7. 한밤의 막국수 : 백운봉막국수   56
PLACE 8. 속 깊은 두부와 콩국수 : 선흘방주할머니식당   58
PLACE 9. 절충의 미학 : 하단   60
PLACE 10. 냉면의 미래 : 황해냉면   62

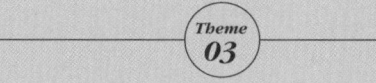

우리 곁에 남아줘서 고마워

PLACE 1. 속에도 팥, 겉에도 팥 : 수복빵집   68
PLACE 2. 열광의 도가니 : 대성집   70
PLACE 3. 세 할머니 : 삼산옥 · 왕대포   72
PLACE 4. 할아버지 주방장의 오리 신공 : 홍릉각   76
PLACE 5. 뭣이 중헌디? 추억이 중하지! : 팬더하우스   78
PLACE 6. 아름다운 인수인계 : 호반   82
PLACE 7. 아, 달달해 : 장수보쌈   84
PLACE 8. 막 퍼주는 국숫집 : 행운집   86
PLACE 9. 풀뿌리 횟집 : 삼우일식   88
PLACE 10. 해산물을 제외해도 풍성한 항구도시 : 성식당 · 쑥굴레   90

내 집 앞에 있으면 좋겠어

PLACE 1. 당신을 위한 솥밥 : 류지   96

PLACE 2. 맛있게 구워줘서 고마워 : **부흥식육식당**   98
PLACE 3. 김치찌개 파는 구멍가게 : **백여상회**   100
PLACE 4. 내 식욕을 부탁해 : **이자카야 로바다야 카덴**   102
PLACE 5. 가까워도 좋은 처가 : **처갓집**   104
PLACE 6. 발보다 발가락이 더 크다 : **영광식당·대인분식**   106
PLACE 7. 마성의 식빵 : **김진환제과점**   110
PLACE 8. 명경지수 곰탕 : **애성회관한우곰탕**   112
PLACE 9. 자부심을 튀긴다 : **시장탕수육**   114
PLACE 10. 잠 못 드는 밤 우동은 내리고 : **망원동즉석우동**   116

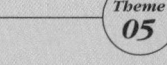

내가 가는 길이 맛이다

PLACE 1. 뚝심으로 말아낸 심심한 냉면 : **무삼면옥**   122
PLACE 2. 노부부의 치킨 : **중동구판장**   124
PLACE 3. 물질하는 남자 : **신비섬**   126
PLACE 4. 돼지갈비의 종착역 : **부암갈비**   130
PLACE 5. 반백 년 동안 튀겼다 : **김설문일식**   132
PLACE 6. 여수 포장마차의 살아 있는 전설 : **41번 포차**   134
PLACE 7. 박찬일의 멋과 맛 : **로칸다 몽로**   136
PLACE 8. 멍게의 모든 것 : **멍게가**   138
PLACE 9. 젊은 장인의 일편단심 : **노부**   142
PLACE 10. 효자의 나물 : **복수청정한우**   144

술 한잔 당기는 날

PLACE 1. 문어에 무너지다 : 문화포차	150
PLACE 2. 돼지고기 형제 : 효자동목고기	152
PLACE 3. 할머니의 부침개 : 원조녹두	154
PLACE 4. 예전 그 다찌는 아니지만 : 물보라다찌	156
PLACE 5. 결핍의 시대를 채워준 온기 : 마라톤집	158
PLACE 6. 골라 마시는 즐거움 : 기분	160
PLACE 7. 입속의 폭죽놀이 : 조개생선구이전문점	162
PLACE 8. 직접 말아주는 소맥 : 락희옥	166
PLACE 9. 누추한 골목의 허름한 고깃집 : 통일집	168
PLACE 10. 주민들의 식당 : 남양수산	170

혼자라도 괜찮아

PLACE 1. 3인 이상 입장 불가 : 지구당	176
PLACE 2. 클래식 떡볶이 : 철길떡볶이	178
PLACE 3. 밥도둑이 우글우글 : 진일기사식당	180
PLACE 4. 디스 이즈 비어 : OB베어	184
PLACE 5. 80년간 끓고 있는 솥 : 청진옥	186
PLACE 6. 허리둘레 굵은 김밥 : 이천냥	188
PLACE 7. 비주류 라멘 : 라멘 베라보	190
PLACE 8. 3000원의 행복 : 이조식당	192

PLACE 9. 낮술의 전당 : 수원집   194
PLACE 10. 칼로 썰어 먹는 순대 : 순대실록   196

Theme 08

불편해도 괜찮아

PLACE 1. 가장 불편한 식당 : 부부청대문   202
PLACE 2. 만 원에 즐기는 호사 : 용문원조능이버섯국밥   204
PLACE 3. 요동치는 면발 : 즉석우동국수   206
PLACE 4. 술, 미리 준비하세요 : 앞바당   208
PLACE 5. 거룩하게 구워내는 삼겹살 : 두암식당   210
PLACE 6. 하루 세 시간만 허락된 짬뽕 : 진흥각   212
PLACE 7. 겨울에도 문 열어주면 안 될까요? : 상주식당   216
PLACE 8. 다리가 아파도 고기는 맛있다 : 연남서식당   218
PLACE 9. 만두와 빵을 파는 중국집 : 신발원   220
PLACE 10. 주인만큼 손님도 바쁜 공간 : 원효로   222

Theme 09

위로가 필요해

PLACE 1. 뒤끝 없는 매운맛 : 여로집   228
PLACE 2. 금천교시장의 터줏대감 : 맛골집   230
PLACE 3. 따뜻한 식당 : 동아식당   232
PLACE 4. 무슨 가루일까? : 마약고기   236

PLACE 5. 주인장 닮은 육개장 : **옛집식당**   238
PLACE 6. 격조 있는 단맛 : **제일꽃게장**   240
PLACE 7. 매력 터지는 중식 펍 : **건일배**   242
PLACE 8. 윤택한 밥 : **광주식당**   244
PLACE 9. '생'과 '왕'의 만남 : **성산왕갈비**   246
PLACE 10. 사라진 순댓국 : **전통아바이순대**   248

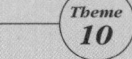

Theme 10

고를 필요 없어요

PLACE 1. 낯선 이름, 친근한 맛 : **까꾸네 모리국수**   254
PLACE 2. 쌈 싸먹는 김치찌개 : **온주정**   256
PLACE 3. 회는 오도독오도독, 구이는 말랑말랑 : **해사랑전복마을**   258
PLACE 4. 비빔밥 아래 깔린 두부탕국 : **통영비빔밥**   260
PLACE 5. '공룡 섬'의 환상적인 백반 : **안나네민박**   264
PLACE 6. 눈을 의심하게 되는 가격 : **로타리식당**   266
PLACE 7. 세 가지 방식으로 즐기는 갈치 : **해녀식당 갯마을**   268
PLACE 8. 바다가 베푼 밥상 : **송도호민박**   272
PLACE 9. 입안에서 터지는 향긋한 봄 : **청용횟집**   274
PLACE 10. 마지막 한 점까지 담백하다 : **일미장어**   276

INDEX 식당 골라주는 남자의 테마별 식당 소개   278

Theme
01

이거 먹고 속 풀어

나는 딱히 해장 음식이 필요 없는 사람이다. 어지간한 음식이면 해장이 된다. 국물이 없어도 괜찮다. 피자와 콜라를 먹어도 상관없다. 그래도 종종 해장 음식이 간절할 때가 있다. 그룹 '어떤날'의 노랫말처럼 '술 취한 내 두 다리가 서성거리는 까만 밤'이 며칠간 지속되는 경우다. 여기서 소개할 메뉴 이외에 지금껏 지방 출장을 다니며 먹어본 속풀이 음식 중에는 전남 장흥의 매생이국, 강원 삼척의 곰칫국, 충북 영동의 올갱이국 등이 강렬한 기억으로 남아 있다. 한겨울 새벽 바다로 나가 허리를 굽힌 채 손으로 훑어가며 거둬들이는 매생이는 숭고한 노동의 산물이다. 푸른 윤기 속에 바다의 향기를 고스란히 품고 있다. 폭 삭은 김장 김치를 넣고 끓이는 곰칫국은 생선살이 부드러워 뼈만 잘 발라내면 거의 들이마시게 된다. 부추와 아욱 등을 투입한 올갱이국 역시 애주가들의 속을 확실하게 풀어준다.

《
Theme 01

탕에 빠진 내장의 위엄

PLACE 1

목화식당

전남 구례군에는 매일 찾아가고 싶을 만큼 사랑해 마지않는 식당이 여럿 있다. 그중 구례읍의 목화식당은 가히 독보적인 소내장탕을 선보이는 곳이다. 주인장이 매일같이 도축장에 가서 고기를 떼어 오고 손질도 직접 한다. 소의 각종 내장에 미나리와 콩나물을 넣고 뚝배기째 끓여내는데, 국물이 맑은 것이 특징이다. 그만큼 내장의 상태가 싱싱하다는 뜻이고, 맛을 획일화시키는 빨간 양념 뒤에 숨지 않겠다는 자신감이 반영된 결과다. 실제로 벌집, 소창, 대창, 염통, 허파, 선지, 콩팥 등이 푸짐하게 들어가 있는데 따로 구워 먹어도 손색이 없을 만큼 선도가 매우 좋다. 진득하면서도 느끼하지 않은 국물에서는 고기의 누린내가 전혀 드러나지 않는다. 단, 간은 꽤나 짭짤하다. 내장을 먼저 건져 먹은 다음, 밥을 말 때 부추를 곁들이면 이보다 더 좋을 수가 없다. 살짝 과장해서 말하자면 문화재로 지정해서 보호해야 할 최고의 내장탕집. 고맙게도 아침 식사가 가능하다.

Info
---

address 전라남도 구례군 구례읍 구례2길 33
tel 061-782-9171 **menu** 소내장탕 7000원

부드럽게 어루만지다
PLACE 2

반룡산

어젯밤 과음으로 속이 불편하신가? 자상하게 어루만져줄 국물이 필요하신가? 여기 맞춤한 음식이 있다. 이름하여 가릿국밥. 장소는 함흥 음식 전문점을 표방하는 반룡산이다. 참고로 가리는 '갈비'를 뜻한다.

    갈비와 양지를 넣고 우려낸 가릿국밥의 국물은 맑디맑다. 서울 시내 유수의 곰탕집에 견줘 뒷줄에 서지 않는다. 오히려 더 부드럽다. 혈관 속 알코올 찌꺼기를 말끔하게 청소해준다. 밥은 나올 때부터 국물에 몸을 담그고 있다. 그 위에 잘게 찢은 양지를 비롯해 선지, 두부, 무, 대파 등이 올라 있다. 어느 하나 모나지 않고 유순하다. 국밥의 온도가 뜨겁지 않아 나오자마자 바로 먹을 수 있다. 입천장 델 걱정은 고이 접어두면 된다. 우선 순정한 국물을 들이켜서 몸을 보한 다음, 국물이 자작해지면 밥에 양념장을 넣어 흥건하게 비벼 먹어보자. 처음과는 전혀 다른 뉘앙스를 느낄 수 있다.

반룡산에는 가릿국밥 말고도 먹을거리가 풍성하다. 가자미에 밥과 소금을 넣어 삭힌 가자미식해는 새큼하고, 투박하게 빚은 왕만두는 이름값을 한다. 회냉면과 비빔냉면은 다른 함흥냉면집보다 양념이 덜 자극적이며, 코다리찜은 반건조 생선 특유의 고들고들함이 잘 살아 있다.

Info

address 서울특별시 강남구 테헤란로78길 26 1층 **tel** 02-3446-8966
menu 가릿국밥 8000원(특 1만 원), 회냉면 8000원, 비빔냉면 8000원, 왕만두 7000원, 코다리찜 2만 2000원, 가자미식해 2만 원

겨울을 기다리는 이유
PLACE 3

외포등대횟집

거제의 겨울은 대구 때문에 빛이 난다. 특히 외포항이 겨울철 귀한 손님인 대구의 집산지로 유명하다. 엄청나게 큰 대구가 위판장과 좌판에 가득하다. 갓 잡은 명품 대구를 사려는 사람들이 방방곡곡에서 몰려든다. 얼음을 넣어 포장해주기 때문에 서울까지 가져가는 도중 상할 염려가 없.

겨울의 외포항에 대구가 넘쳐나는 데는 다 이유가 있다. 원래 1월은 대구를 잡을 수 없는 기간이다. 산란기가 12월부터 이듬해 2월

까지인 대구의 어족 보호를 위해서다. 대구가 알을 낳기 위해 떼를 지어 돌아오는 곳이 바로 거제 앞바다 진해만이다. 외포항은 대구의 산란기이자 대구가 가장 맛있는 시기에 고기잡이가 허용된 유일한 곳이다.

　　대구의 성지 외포항과 포구 주변에는 외포등대 횟집을 비롯해 대구 요리를 파는 식당들이 몰려 있다. 생물 대구를 이용한 탕과 찜, 회 등을 먹을 수 있는데 어느 집을 들러도 대동소이한 맛을 낸다. 생선 한 마리가 거의 통째로 들어 있는 대구탕은 맛과 양, 두 가지 면에서 모두 흡족하다. 해맑은 국물은 시원하기 짝이 없고, 부들부들한 살점은 서울에서 파는 냉동 대구탕과는 차원이 다르다. 대구 이리(생선 정액 덩어리)의 고소함은 생크림을 넘어선다. 이리 때문에 대구는 수컷이 암컷보다 비싸다. 음식이 나오면 처음에는 숟가락과 젓가락을 이용하다 이내 그릇에 코를 박고 마시게 된다. 한 번이라도 맛을 본 사람은 생대구탕 없는 겨울나기는 상상할 수 없다.

address 경상남도 거제시 장목면 외포5길 68　**tel** 055-636-6426
menu 대구탕 1만 5000원

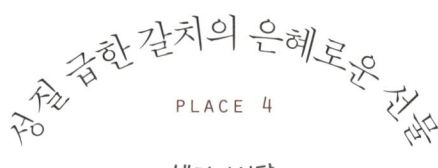

성질 급한 갈치의 은혜로운 선물
PLACE 4
네거리식당

제주에 갈 때면 목을 길게 빼고 찾는 음식 중 하나가 갈치다. 갈치조림이야 흔하게 접할 수 있지만 갈치회나 갈칫국은 산지 아니면 맛볼 수 없기 때문이다. 익히 알려진 대로 갈치는 둘째가라면 서러울 정도로 성질이 사납고 급해서 땅 냄새를 맡기만 해도 저승행 급행열차를 탄다.

　　서귀포시 서귀동의 네거리식당은 성게미역국과 옥돔구이 등을 판매하지만 갈칫국의 맛이 특히 빼어난 집이다. 이미 색깔부터가

예술적이다. 갈치의 은색, 호박의 주황색, 얼갈이배추의 녹색이 매혹적인 색의 하모니를 보여준다. 소금으로 간을 해서 갈치의 감칠맛이 온전히 살아 있다. 지레짐작과는 달리 비린내는 전혀 나지 않는다. 전체적으로 시원하고 담백하면서도 고추가 들어가 있어 뒷맛이 매콤하다. 무릇 주당이라면 보온병에 담아 수시로 홀짝홀짝 마시고 싶을 만큼 매력적인 해장 음식이다. 식사 메뉴를 2개 이상 주문하면 고등어구이가 서비스로 나온다.

address 제주특별자치도 서귀포시 서문로29번길 20 **tel** 064-762-5513
menu 갈칫국 1만 3000원(특 2만 원), 갈치구이 2만 5000원, 옥돔구이(국내산) 3만 원,
성게미역국 1만 3000원

평양냉면계의 넘사벽
PLACE 5

우래옥

개인적으로 첫손에 꼽는 해장 음식은 평양냉면과 막국수다. 산뜻한 국물이 가슴을 뻥 뚫어주고, 보들보들한 면발이 목울대를 치고 넘어가야 온몸의 세포들이 되살아나는 듯한 느낌을 받는다. 을지면옥, 필동면옥, 봉피양 등 평양냉면의 강자들을 두루두루 좋아한다. 상대적으로 업력은 짧지만 이미 두터운 팬덤을 형성하고 있는 정인면옥, 능라도, 진미평양냉면 또한 사랑스럽다. 오류동 평양냉면, 남창동 부원면옥, 제기동 평양냉면, 낙원동 유진식당, 구의동 서북면옥 등은 맛의 정

교함은 떨어질지 몰라도 가격이 저렴하고 분위기도 정겨워 늘 마음에 담아두고 있는 집들이다. 하지만 대한민국 평양냉면의 태산북두로 여기는 집은 1946년에 문을 연 우래옥이다. 육중한 육수와 섬세한 면발 모두 '넘사벽'이다. 평양냉면 초심자도, 하루걸러 냉면집을 전전하는 마니아도 만족할 만하다. 적당히 끊어지면서도 입안을 자유로이 활보하는 메밀 면은 천하일품이다. 고기 육수는 말수 적은 사내처럼 묵직하면서도 세심함을 잃지 않는다. 우래옥은 무엇보다 오랜 세월 맛의 변화가 없다. 분야를 막론하고 원형을 지켜내는 것, 일관성을 유지하는 것이 가장 어려운 법이다. 이 집 김치말이냉면도 헝클어진 속을 말끔하게 정리해준다. 냉면 육수에 김칫국물을 섞어 내는데, 면 밑에는 밥도 말아져 있다. 전날 통음으로 몸 컨디션이 엉망일 때면 우래옥의 평양냉면과 김치말이냉면 앞에서 '어느 쪽을 선택할까' 실존적 고민에 빠지게 된다. 물론, 두 가지 모두 주문해서 미친 듯이 욱여넣을 때도 많다.

Info

address 서울특별시 중구 창경궁로 62-29 **tel** 02-2265-0151
menu 전통평양냉면 1만 3000원, 김치말이냉면 1만 3000원, 불고기(1인분, 150g) 3만 1000원

깨끗하게 맑게 자신 있게
PLACE 6

호동식당

호동식당은 복국 문화가 유난히 발달한 통영에서도 복국 식당 1세대로 손꼽히는 집이다.

  복국 종류는 두 가지다. 일반 복국에는 어른 손가락 두 마디 정도 크기의 졸복을, 특복국에는 참복과 가시복을 사용한다. 졸복은 몸집은 작아도 깊고 개운한 국물 맛을 내는 데 일말의 부족함이 없다. 복 삶은 물에 콩나물과 미나리만을 넣고 팔팔 끓여낸 졸복국의 단정한 자태는 '깨끗하게 맑게 자신 있게'라고 한 어느 광고의 헤드 카피를 떠올리게 해준다. 투명한 국물이 식도를 타고 위장으로 파고들면 몸과 마음이 정화되는 느낌마저 든다. 다진 양념장과의 궁합도 생각보다 훨씬 훌륭하다. 반찬은 8~9가지가 깔리는데, 하나같이 정갈하다. 학꽁치나 전갱이처럼 제철 생선을 올려주는 것도 반갑다.

  이 집 복국을 먹다보면 또다시 음주를 시작하게 될지도 모르니 조심해야 한다. 하긴 표준국어대사전에서 '해장'의 뜻을 찾아보면 '전날의 술기운을 풂. 또는 그렇게 하기 위하여 해장국 따위와 함께 술을 조금 마심'이라고 나와 있기는 하다.

Info

address 경상남도 통영시 새터길 47 tel 055-645-3138
menu 복국 1만 2000원, 특복국 2만 원

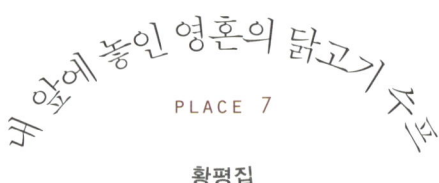

PLACE 7

황평집

서울에서 닭 요리를 내는 집은 부지기수다. 메뉴도 정말 다양하다. 그런데 닭곰탕 파는 식당은 의외로 만나기가 어렵다. 그런 의미에서 긴 세월 동안 '내 영혼의 맑은 수프'인 닭곰탕을 굳건히 지켜온 황평집의 절개는 우러러볼 만하다. 당연히 제집 드나들 듯이 하는 단골들이 많다. 황평집은 닭을 이용한 여러 가지 메뉴를 갖추고 있지만, 점심시간에는 닭곰탕만 판매한다. 손님은 사이즈(보통 혹은 특)만 결정하면 된다. 국물은 말갛고, 방울방울 떠 있는 닭기름의 자태는 영롱하다. 닭 비린내는 풍기지 않는다. 국물에 잠겨 있는 닭고기는 양도 넉넉할 뿐만 아니라 삶아낸 솜씨가 예사롭지 않다. 오전 중 수십 마리의 닭을 한꺼번

에 삶았다가 식혀서 결대로 죽죽 찢어놓는다. 탕이 나오면 우선 고기를 건져 소금에 찍어 먹는다. 살코기를 씹으면 단단함과 부드러움 사이에서 마치 줄타기를 하는 느낌이 든다. 가장 탱글탱글한 부위는 닭 껍질. 주문 전에 껍질을 많이 넣어달라고 요청할 수도 있다. 밥을 말기 전, 소금 말고 다진 마늘을 넣어보자. 고소하고 여릿한 국물 맛을 해치지 않으면서도 마늘의 알싸한 향이 닭곰탕의 풍미를 확 올려준다. 개인적인 취향이지만 다진 양념장이나 깍두기 국물의 도움은 받을 필요가 없다. 특히 다진 양념장은 사골을 우려내 찐득한 설렁탕보다 국물의 강도가 연약한 닭곰탕의 본질을 가리게 돼 있다. 반찬은 깍두기와 마늘종장아찌. 한 숟갈 푸짐하게 떠서 함께 먹으면 웃음이 비죽비죽 새어 나온다. 저녁에는 살이 발라져 나오는 닭찜이나 새콤하고 매콤한 닭무침에 소주 한잔 곁들이면 좋다.

Info

address 서울특별시 중구 마른내로 74 **tel** 02-2266-6875
menu 닭곰탕 6000원(특 7000원), 닭찜 1만 5000원, 닭무침 1만 7000원

PLACE 8

기장식당

2013년 12월 중순부터 약 1년 4개월 동안 부산 MBC의 〈어부의 만찬〉이란 프로그램에 출연했다. 제철 해산물을 맛볼 수 있는 식당도 찾아가고, 그 해산물을 잡아들여 생계를 유지하는 포구와 마을들도 찾아다녔다. 주로 부산·경남 일대에서 촬영을 진행했지만, 전라도나 서해안 등지로 '원정'을 떠날 때도 있었다. 셰프를 비롯한 출연자들이 해당 해산물을 이용, 새로운 요리를 만들어보는 시간도 곁들여졌다. 여러모로 소중한 기억으로 남아 있는데, 당시 프로그램 담당 PD였던 손주성 부장의 손에 이끌려 부산 곳곳에 포진한 맛집을 훑고 다닌 시간도 이루 말할 수 없이 좋았다. 해운대구청 부근의 기장식당도 손 PD가 "서울 사는 어떤 지인이 이 집 가자미찌개로 해장하기 위해 부산에 내려오곤 한다"며 소개해준 곳이다.

우선 개인별로 제공되는 뚝배기의 크기부터가 흡족하다. 쩨쩨

한 규모의 탕기(湯器)와는 비교할 수 없다. 생각보다 살이 많은 도톰한 가자미에 김치, 호박, 두부, 무, 미나리 등을 넣고 맹렬하게 끓여내는데 단맛과 매콤한 맛의 조화가 압권이다. 양념에서 비롯되는 칼칼함이 먼저 혀와 목구멍을 치고 지나가고, 이내 호박이 내어주는 단맛이 뒤따라온다. 기본 찬은 그날그날 조금씩 달라지는데 직접 겪어본 김치, 시금치, 멸치볶음, 달걀말이, 양배추쌈, 다시마쌈, 무나물 등이 하나같이 깔끔했다. 전체적으로 짜지 않은 점도 마음에 쏙 든다.

Info

address 부산광역시 해운대구 중동2로 5 tel 051-743-4944
menu 가자미찌개정식 1만 2000원, 가자미물회 1만 5000원

PLACE 9

일해옥

북엇국과 더불어 가장 대중적인 속풀이 음식으로 콩나물국 혹은 콩나물국밥을 들 수 있다. 콩나물국밥 하면 거의 모든 사람들이 자동적으로 전주를 떠올리지만 콩나물국밥을 전주가 오로지 하는 것은 아니다. 군산 월명동에도 20여 년간 한결같이 주당들의 쓰라린 속을 달래 준 고마운 해장국집이 있다. 메뉴는 콩나물국밥 한 가지. 양질의 멸치로 우려낸 국물에 삶은 콩나물과 수란, 파, 김 가루, 다진 양념장 등이 다소곳하게 들어 있다. 밥에 뜨거운 국물을 부었다 따랐다 해서 덥히는 토렴식 국밥이라 후후 불어가면서 먹을 필요가 없다. 살짝 뭉툭한 국물, 억세지 않은 콩나물, 생기를 유지하고 있는 밥알, 촉촉한 달걀이 공생하면서 한 그릇의 따뜻한 위로가 완성된다. 기본적으로 간이 세지 않아 반찬인 깍두기와 고추장아찌가 맛의 스타카토 역할을 한다.

일해옥 사람들은 새벽 5시부터 오후 3시까지 5000원짜리 국밥을 부지런히 말아낸다. 맛도 가격도 영업시간도 모두 갸륵하다. 걸어서 5~7분 거리에 군산의 대표적이 맛집과 명소인 이성당, 히로쓰가옥, 초원사진관 등이 있다.

Info

address 전라북도 군산시 구영7길 19　tel 063-443-0999
menu 콩나물국밥 5000원

PLACE 10

황금콩밭

서울 시내에서 최고 수준의 두부를 선보이는 집이다. 소백산 청정 지역에서 재배한 콩을 사용해 매일 아침 직접 두부를 만든다고 한다. 아무래도 신선한 두부를 만나려면 점심시간에 가는 편이 좋다. 두부도 밥과 같아서 일정 시간이 지나면 맛이 하향 곡선을 그릴 수밖에 없다. 일단, 어떤 부재료의 부축도 받지 않는 생두부의 맛부터 음미해야 한다. 이왕이면 처음에는 간장도 멀리하자. 그래야 온전한 맛이 전해진다. 황금콩밭의 두부는 부드럽지만 나른하고, 맥없이 뭉개지지 않는다. 그렇다고 탄력 있다고 말할 수도 없다. 젓가락으로 한 덩이를 집어 올리면 무게감이 느껴진다. 한입 베어 물면 서서히 허물어지면서 두부 안에 깃든 콩의 고소함이 스멀스멀 올라온다. 맛없는 두부, 평범한 두부에서 느껴지는 쓴맛은 조금도 얼씬거리지 않는다. 가장 추천하고 싶은 메뉴는 두부젓국이다. 새우젓으로 간을 한 맑은 두붓국(고춧가루가 뿌려져 있기는 하다)인데, 두부의 편안함과 새우젓의 고급스럽고 거슬리지 않는 짠맛이 매끄러운 조화를 이룬다. 곰곰이 들여다보고 슬쩍 맛을 보면, 이 집 새우젓의 상태가 상당히 좋다는 것을 알아차릴 수 있다. 짜면서도 뒷입맛이 달다. 두부짜글이는 말 그대로 짜글짜글 끓여낸 음식이다. 얼큰한 두부고추장찌개를 연상하면 된다. 신스틸러가 아니라 '밥스틸러'로 명명할 수 있겠다. 또 다른 메뉴들인 청국장과 한우바싹불고기는 별다른 특색이 없다.

---Info---

address 서울특별시 마포구 굴레방로 3 **tel** 02-313-2952
menu 생두부 1만 원, 두부젓국 1만 8000원, 두부짜글이 7000원

Theme
02

수고래 국먹갈?

라디오 방송에 참여한 지 10년이 훌쩍 넘었다. '별밤(가수 이문세 씨의 〈별이 빛나는 밤에〉)'에 미쳐 살았던 내가 지금은 라디오에 출연하고 심지어 진행까지 하고 있으니 그야말로 감개무량하다. 그동안 꽤 다양한 프로그램을 거쳤는데, 내 라디오 인생은 〈FM 음악도시 성시경입니다〉 이전과 이후로 나뉜다. 2012년 8월 25일부터 약 1년 8개월 동안 매주 토요일마다 '대결! 음식도시'라는 코너로 청취자들을 만났다. 그전까지 여행작가의 본분을 살려 여행지 소개에 집중했다면, 이 프로그램을 통해서는 소위 '먹방' 데뷔를 했다. 솔직히 전공 분야가 아니라 영 자신이 없었지만, 뜻밖에도 큰 사랑을 받았다. 덕분에 부산 MBC 〈어부의 만찬〉을 비롯해 여러 방송과 인쇄 매체에서 음식으로 나를 찾기 시작했다. 따지고 보면 이 책의 연원도 〈FM 음악도시 성시경입니다〉에 있다. 사석에서는 여러 번 밝혔지만 성시경 씨는 내 라디오 스승이다. 겸연쩍어 길게 늘어놓지는 않겠지만 정말 많은 것을 배웠다. 당시 '대결! 음식도시'를 통해 얻은 별명이 '노중면', '면귀', '면 성애자' 같은 것들이다. 내 몸의 절반은 메밀과 밀가루로 이뤄진 것이 아닐까 하는 생각이 들 정도로 세상의 모든 면 요리를 격하게 아낀다. 그중 일부를 여기 밝힌다. 참고로 이 식당들이 '내 인생의 국수 톱 텐'은 아니다.

Theme 02

멸치의 힘

PLACE 1

골막식당 · 파도식당

제주는 재주가 많다. 팔방미인이다. 어느 모로 보나 아름답다. 산간의 풍경도, 바다의 풍경도 모두 빼어나다. 나는 특히 제주의 숲을 사랑한다. 애월읍의 납읍난대림은 혹한의 계절에도 초록의 기운으로 잘박잘박 젖어 있다. 이리 굽고 저리 굽은 나뭇가지들이 신령스럽기까지 하다. 봉개동 절물자연휴양림의 어깨가 떡 벌어진 삼나무들은 옅은 안개에 싸이는 순간 더없이 매혹적인 수묵담채화가 된다. 인근의 사려니숲도 이름만큼이나 고운 숲이다. 1112번 지방도로 좌우에도 거대한 삼나무들이 시립하듯 늘어서 있다. 햇살이 비껴드는 오후 무렵 찾으면 삼나무 숲과 아스팔트 도로가 온통 황금빛으로 출렁인다.

음식은 또 어떤가. 제주만큼 '진수성찬'을 차려내는 공간이 또 있을까 싶다. 제주에 내려가면 늘 마음이 바쁘다. 먹고 싶은 음식이 너무 많아서인데, 그중에서도 빠트릴 수 없는 '완소' 아이템이 고기국수다. 당연히 여러 곳의 고기국수를 먹어봤는데, 이도 2동의 골막식당이 내 입에는 잘 맞는다. 이 집 고기국수의 가장 큰 특징은 돼지 사골 육수에 멸치 국물을 섞는다는 것이다. 확실히 국물의 결이 풍부하다. 돼지뼈만으로 우려낸, 쫀득쫀득한 국물이 부담스러운 사람이라면 더욱 반가울 것이다. 우동처럼 보동보동한 면과 보쌈처럼 두껍게 썬 돼지고기 꾸미의 존재도 듬직하다.

제주 국수 명단에 고기국수, 보말칼국수, 성게칼국수, 밀면만 있는 것은 아니다. 일도 2동의 파도식당은 멸치국수(고기국수도 판다)로 금자탑을 이룩했다. 멸치 향을 진하게 풍기는 국물이 호탕하고 서글서글하다. 국수 양이 워낙 많아 굳이 대(大) 자를 주문할 필요가 없다. 새벽 4시까지 영업하니 늦은 밤 출출할 때 들러도 좋겠다.

Info

골막식당 address 제주특별자치도 제주시 천수로 12 tel 064-753-6949
menu 골막국수 5000원, 골막곱빼기 6000원, 수육 1만 5000원
파도식당 address 제주특별자치도 제주시 성지로 68-1
tel 064-753-3491 menu 멸치국수 4500원, 고기국수 5000원, 비빔국수 6000원,
냉국수 5000원, 돔베고기 2만 원, 아강발 1만 2000원

느리지만 꼼꼼하게

PLACE 2

가타쯔무리

사누키우동의 본고장인 일본 시코쿠 카가와 현에서 우동을 공부한 일본인이 운영하는 식당이다. 일단 외관부터 이목을 끈다. 지금은 사라진 대우전자 대리점 간판을 떼지 않고 그대로 두었다. 오래된 손풍금, 나무로 된 선반, 홀과 주방을 경계 짓는 미닫이문 등으로 꾸며진 인테리어도 이색적이다. 왠지 시간이 더디 흐를 것만 같다. 공간이 좁고 작아서 10개의 좌석만이 손님을 맞아준다.

가타쯔무리는 '달팽이'라는 상호에 걸맞게 느릿느릿하지만 꼼꼼하게 우동을 말아낸다. 국물이 있는 우동(가케우동과 붓가케우동)을 고르면 면과 국물의 온도까지 선택할 수 있다. 조합은 세 가지다. 찬 면과 찬 국물, 찬 면과 따뜻한 국물, 따뜻한 면과 따뜻한 국물. 주인장은 '찬찬 커플(찬 면과 찬 국물)'을 추천한다. 사누키우동의 금과옥조인 쫀득쫀득한 면발을 더 잘 느낄 수 있어서다. 온도가 낮아야 면 안에 있는 수분 분자의 활동이 둔해져 조직이 치밀한 상태를 유지한다고 한다. 가타쯔무리는 멀리까지 소문난 우동 명가들과 일합을 겨뤄도 물러서지 않는 면발의 힘을 보여준다. 밀가루 반죽에는 물과 소금 그리고 주인장의 부지런한 손 이외에는 어떤 것도 끼어들지 않는다. 사이드 메뉴로는 반숙 달걀과 얇게 저며 구운 돼지고기 등이 있다. 휴무일이 불규칙한데, 쉬는 날과 영업시간을 표시한 수제 달력을 만들어놓았다.

Info

address 서울특별시 서대문구 명지대길 72
menu 가케우동 7000원, 붓가케우동 8000원, 유자우동 7000원, 가마타마우동 7000원, 시오다래돼지 2000원, 아지다마고 1000원, 기츠네 유부조림 1000원

이런 짜장면

PLACE 3

신성각

개업 연도는 1981년. 벌써 36년째 영업 중이다. 주인장 겸 주방장의 고집도 한결같고, 요리들의 맛도 한결같다. 달고 기름지고 짠 일반적인 중국집 음식에 길들여진 사람에게는 다소 낯선 경험이 될 수도 있지만 음미할수록 새뜻한 맛이 우러나온다. 내부는 비좁다. 4인용 테이블 4개를 간신히 들여놓았다. 한쪽에는 물고기 대신 구형 카메라, 옛 기차표, 기념사진 등의 '골동품'을 잔뜩 품은 수조가 자리한다. 자리에 앉으면 주방에서 반죽 치는 소리와 중국식 프라이팬인 웍에서 식재료 볶는 소리가 귓전을 때린다. 메뉴는 몇 가지 없다. 짜장면, 간짜장, 만두, 탕수육이 전부다. 개인적으로는 굴소스를 넣지 않고 센 불에 후딱 볶은 잡채(잡채밥이 아니다)의 삼삼한 맛을 참 좋아했는데 지금은 만나

볼 수 없어 아쉽다. 조갯국처럼 말간 국물을 지닌 우동도 얼마 전 사라졌다. 사실 예전에는 잡채를 포함해 더 많은 요리를 취급했지만 재료의 신선도를 유지하기 위해 잘 팔리는 메뉴로 단순화했다고 한다. 벽면에 부착된 육필 메뉴판에는 '신성각 주방장이 뽑은 면은 밀가루에 물만 부어 만들어요. 첨가제를 쓰지 않아 힘이 없어요'라고 적혀 있다. 짜장면과 간짜장을 먹어보면 무슨 말인지 대번에 알아차릴 수 있다. 수타임을 입증이라도 하듯 굵기가 일정치 않은 면에는 부드러움이 충만한 대신 긴장감이 없다. 기존 중국집 면과는 뉘앙스가 전혀 다르다. 소스도 강하지 않다. 거슬리지 않게 짭조름하고 은근하게 고소하며 희미하게 달다. 캐러멜 색소와 조미료가 선봉에 서서 득달같이 짓쳐들어오는 맛이 아니라 연한 춘장과 볶은 양파가 자연스럽게 내어주는 맛이다. 애주가에게는 아쉬운 정보 하나. 신성각은 주류를 판매하지 않는다. 반입도 불가하다. 카드 사용이 안 되니 현금을 챙겨 가야 한다.

Info
---

address 서울특별시 마포구 임정로 55-1 **tel** 02-716-1210
menu 짜장면 5000원, 간짜장 6000원, 곱빼기 1000원 추가,
만두 4000원, 탕수육 1만 5000원

장작불 손국수

PLACE 4

원조동곡할매손칼국수

벌써 수년 전 일이다. 밤늦게 술을 마시다 대구의 오래된 국숫집이 불현듯 떠올랐다. 가보고 싶어 정보만 갈무리해둔 식당이었다. 소주를 연신 털어 넣으면서도 국수 생각이 머릿속을 떠날 줄 몰랐고, 결국 30년 지기 박철호와 함께 대구행 심야 고속버스에 올랐다. 지금도 별반 다르지 않지만 정말 지독히도 먹고 마시던 때였다.

원조동곡할매손칼국수는 '국수의 고장' 대구에서도 종가라고 부를 만한 집이다. 4대 60여 년에 걸쳐 면옥을 운영하고 있다. 아직도

장작불 때는 아궁이에 커다란 솥을 걸고 국수를 삶아낸다. 바라보기만 해도 가슴 한쪽이 뭉클해진다. 모든 것이 수작업으로 이뤄지는 까닭에 주문하고 나서 20분 정도는 기다려야 한다. 채근해서 될 일이 아니다. 처음 이 집을 방문했던 날, 다른 테이블의 성격 급한 아저씨는 결국 중간에 식당 문을 박차고 나가버렸다. 기다림에 대한 보상은 확실하다. 직접 손으로 밀어 만든 국숫발이 간드러지고, 한 번 젓가락질에 맞춤한 길이로 썰어져 나와 먹기 편하다. 국물도 마치 토렴한 국밥처럼 미지근해서 호호 불어가며 먹을 일이 없다. 느슨한 국물과 찰랑찰랑한 면 그리고 삶은 호박과 김 가루와 양념장이 어우러진 손국수는 마파람에 게눈 감추듯 없어진다. 나박나박 썬 수육도 칼국수의 러닝메이트로 한 점 부끄럼이 없다.

Info
---

address 대구광역시 달성군 하빈면 달구벌대로55길 104-4 **tel** 053-582-0278
menu 손국수 5000원, 수육 1만 5000원, 암뽕 1만 2000원, 섞어서 1만 5000원

맨얼굴의 막국수

PLACE 5

성천막국수

첫인상은 볼품없었다. 아니, 건방졌다라고 해야 하나. 대체 얼마나 자신이 있으면 메밀 면에 동치미 국물만 부어서 손님상에 올리는 것일까. 삶은 달걀은 말할 것도 없고 김 가루의 도움조차 거부한, 어디에서도 본 적 없는 명료한 막국수였다. 오로지 면과 국물만으로 승부를 걸겠다는 대단히 융통성 없는 막국수이기도 하다.

성천막국수의 동치미 국물은 꽤나 짭짤하다. 익숙하지 않은 사람에게는 특유의 쿰쿰한 맛 혹은 군내가 부담스러울 수도 있을 것이다. 하지만 심심한 메밀 면과의 궁합이 야구의 키스톤콤비처럼 잘 맞는다. 비빔막국수의 차림차림도 간편하다. 기름을 살짝 두르고 매콤

한 양념장 한 스푼 올려주면 끝. 누구나 좋아할 만한, 물막국수보다 접근하기 훨씬 용이한 맛이다. 반찬은 얇게 썬 무짠지 달랑 하나. 그냥 먹거나 양념장과 겨자를 넣고 비벼 먹으면 된다. 한 그릇의 국수로 허기를 면할 수 없다면 제육을 따로 주문해도 좋고, 국수와 몇 점의 제육이 함께 나오는 정식을 시켜도 좋다.

막국수의 명가로 일찍이 소문났지만 돼지고기 삶는 솜씨도 보통이 아니다. 제육과 짠지의 어울림이 환상적이다. 성천막국수는 리모델링 이후 신수가 훤해졌다. 양재동에 분점을 냈다고 하는데, 역시 본점만 못하다는 것이 주변의 평가다.

address 서울특별시 동대문구 전농로 48 **tel** 02-2244-5529
menu 물막국수 5500원, 비빔막국수 6000원, 물막국수정식 8000원,
비빔막국수정식 8500원, 제육 1만 원(반접시 5000원)

은근하게 위대하게

PLACE 6

진우네집국수

관방천을 따라 형성된 담양 국수거리에는 여러 곳의 국숫집이 있다. 그중 원조는 진우네집국수다. 가게 없이 좌판에서 국수 말던 시절과 간판 없는 가게에서 국수 삶던 시절을 합치면 50년이 넘는다.

멸치국수는 왠지 만만해 보인다. 외모도 요란하지 않고 값도 헐하다. 하지만 진우네집의 멸치국수는 상당한 공력을 기울여야 탄생한다. 우선, 육수 만드는 데 품이 많이 든다. 진득한 국물을 얻기 위해 내장을 제거하지 않은 양질의 멸치를 장시간 화력을 조절해가며 끓인다. 그래야만 멸치 내장이 터지지 않는다고. 맹렬한 기세로 끓는 가마솥에서 소면보다 굵은 중면을 8분간 삶는다. 중간에 '퍼짐 방지용' 찬물을 부어준다. 잘 익은 국수에 육수를 붓고 간장 양념을 곁들이면 이제 먹을 일만 남는다.

국물에서는 집중력이 느껴지고 면발에서는 힘이 느껴진다. 흡사 쫄면 같은 비주얼의 비빔국수도 멸치국수 못지않은 인기를 구가한다. 4000원짜리 국수 한 그릇에 반찬을 네 가지나 준다. 묵은지, 콩나물무침, 김무침, 단무지무침. 특히 고춧가루, 설탕, 식초 등으로 버무린 단무지가 아련한 향수를 불러일으킨다. 멸치 육수에 삶아 노르스름하고 간간한 일명 '약달걀'까지 불러내면 국숫집 '3종 세트'가 완성된다.

Info
---

address 전라남도 담양군 담양읍 객사3길 32 **tel** 061-381-5344
menu 멸치국수 4000원, 비빔국수 4000원, 삶은 달걀(3개) 1000원

한밤의 막국수

PLACE 7

백운봉막국수

나는 혼곤한 잠 속으로 빠져들다가도 벌떡 일어날 정도로 메밀국수를 좋아한다. 그리움의 강도는 말로 설명하기 힘들다. 시도 때도 없이 생각나는데, 밤늦게 평양냉면이나 막국수를 영접하러 거리를 헤맨 적도 많다. 그런 점에서 새벽까지(24시간 영업에서 시간이 약간 단축됐다) 문을 열어놓는 역삼동의 백운봉막국수는 구세주와도 같다. 시간에 구애될 필요가 없는데다 맛도 어수룩하지 않으니 감지덕지할 수밖에 없다. 내부가 상당히 널찍한 백운봉막국수는 막국수 이외에 칼국수, 만둣국, 선지해장국, 전병, 돼지고기구이, 족발, 보쌈, 전복구이, 코다리찜 등의 다채로운 메뉴를 갖추고 있다. 개인적으로는 이베리코 흑돼지목살구이를 좋아한다. 스페인 청정 지대에서 도토리를 먹고 자란 돼지로 전 세계 미식가들의 애정을 한몸에 받는다. 일반 돼지고기보다 맛이 훨씬 진하다.

　　이제 본론으로 들어갈 차례. 가게 입구에 놓인 맷돌이 눈길을 끈다. 디스플레이용이 아니라 실제로 사용하는 기구(물론 사람이 돌리지는 않는다)다. 맷돌에서 떨어져 나오는 메밀가루에 물과 소금만 넣고 반죽해서 즉석에서 면을 뽑는다. 메밀은 외부 환경, 특히 열에 취약하다. 일반 제분기를 쓸 경우 온도가 60도 이상 올라 메밀의 고유한 풍미가 사라진다. 막국수 종류로는 동치미, 비빔, 들기름의 세 가지가 있다. 삼 형제 중에는 메밀 면에 열무와 삶은 달걀 반쪽을 올린 들기름막국수가 가장 단출하다. 별도로 주는 들기름과 간장을 자신의 기호에 맞게 첨가하면 된다. 섬세하게 제분한 100% 메밀 면이기 때문에 구수한 맛을 해치지 않으려면 살짝만 뿌리는 게 좋다. 100% 메밀이라고 해서 면발이 나약한 것은 절대 아니다. 생동감이 있는 건 아니지만, 그렇다고 힘없이 풀썩 주저앉지도 않는다. 생각보다 씹히는 맛이 있다. 동치미막국수도 맹활약 중이다. 한때 동치미 맛에 일관성이 없다는 이야기를 듣기도 했지만, 지금은 일정하고 고른 맛을 낸다. 단맛이 거의 배제된 국물은 적당한 신맛과 탄산수 같은 청량감이 돋보인다. 이 집은 비빔막국수의 양념장도 자극적이지 않다. 김 가루와 깨를 지나치게 많이 뿌려주지 않는 점도 내게는 긍정적으로 작용한다. 막정식은 막국수, 수육, 전병으로 구성되는데 메밀전병의 품질이 마땅치가 않다.

Info

address 서울특별시 강남구 언주로93길 30　tel 02-554-5155
menu 막국수(동치미·비빔·들기름) 8000원, 막정식 1만 2000원, 이베리코 흑돼지목살 1만 2000원

속 깊은 두부와 콩국수

PLACE 8

선흘방주할머니식당

생각해보면 콩국수는 거리감이 좀 느껴진다. 아무래도 사시사철 마련하는 식당이 드문 탓인 듯하다. 콩국수를 만나기 가장 쉬운 여름이 아니라 봄가을에 더 당기는 내 입맛에서도 원인을 찾을 수 있겠다. 불어난 몸무게 때문에 땀을 비 오듯 흘리는 여름에는 속내가 훤히 들여다보이는 국물을 선호하는 편이다. 그렇다고 콩국수의 매력을 모르는 바 아니다.

제주시 조천읍의 선흘방주할머니식당은 직접 재배한 콩을 이

융해 속 깊은 두부와 콩국수를 낸다. 강릉의 초당두부처럼 바닷물을 간수로 사용한다. 한 액자에 모아 벽면에 걸어놓은 15장의 '촌스런' 사진들이 두부 제조 과정을 일목요연하게 보여줄 뿐만 아니라 이 집 두부에 대한 신뢰감을 고취시켜준다. 간장, 김치, 곰취장아찌 중 어느 것과 짝을 맺어도 서로 뜻이 맞고 정답다. 서리태를 갈아 만든 콩국에 단호박을 넣고 뽑은 면을 말아주는 콩국수는 모양새가 말쑥하다. 걸쭉한 국물과 보드라우면서 끈기가 있는 면발 모두 호소력이 있다. 묵비빔밥도 추천한다. 잘 여문 포도송이처럼 탱글탱글한 도토리묵과 김치, 김, 달걀지단 등을 넣고 쓱쓱 비벼 먹는다. 입에 잘 붙는다. 계산대에 이야기하면 비지를 공짜로 얻을 수 있다. 운동장만 한 주차장을 갖추고 있어 편리하다.

Info

address 제주특별자치도 제주시 조천읍 선교로 212 tel 064-783-1253
menu 두부 한 접시 8000원, 검정콩국수 8000원, 묵비빔밥 7000원

절충의 미학

PLACE 9

하단

사람들의 마음을 사로잡은 하단의 메뉴는 메밀냉칼국수다. 어찌 보면 절충해서 탄생한 음식이다. 면은 메밀에 밀가루를 섞어 만들기 때문에 어느 정도의 찰기가 보장된다. 군살 하나 없이 날렵하다. 국물은 양지머리 육수에 백김치 국물을 혼합한 다음, 조선간장으로 간을 맞춘다. 평양냉면처럼 아리송하지 않다. 훨씬 명확한 맛이다. 양지머리가 시원함을, 백김치가 새콤함을, 다진 청양고추가 매콤함을 아로새겼다. 살얼음까지 더해져 마시면 속이 후련해진다. 단골 행세를 하고 싶으면

찬밥(항상 준비되는 것은 아니다)을 요청해 남은 국물에 말아 먹으면 된다. 냉칼국수보다 찬 국물과 식은 밥의 만남에 더 열광하는 사람들도 있다. 칼국수를 기다리는 동안 녹두지짐이나 찐만두(메뉴에는 만둣국만 적혀 있다)로 간에 기별을 띄우는 것도 좋다. 피가 두꺼운 찐만두는 못생긴 송편을 닮았다. 한입에 쏙 들어간다.

그런데, 한 가지 망설여지는 점이 있다. 얼마 전 하단을 다시 찾았더니 냉칼국수의 맛이 예전과는 다르게 느껴졌다. 면은 풀어졌고, 국물은 시큼해졌다. 함께 식사를 마친 친구들도 비슷한 의견을 냈다. 이날만 그런 것인지(이번 여름은 기록적으로 더웠다), 아니면 내 기억에 오류가 있는 것인지, 그도 아니면 내 입맛이 변한 것인지 어느 쪽도 확정 지어 말할 수는 없다. 사실 다른 음식점의 경우도 별반 다르지 않다. 세상에 변하지 않는 것은 없다. 『식당 골라주는 남자』를 준비하면서 노심초사한 대목이기도 하다.

Info

address 서울특별시 성북구 성북로6길 14 **tel** 02-764-5744
menu 메밀냉칼국수 8000원, 녹두지짐 7000원, 만둣국 8000원

냉면의 미래

PLACE 10

황해냉면

박미향 선배는 일간지 한겨레의 음식 담당 기자다. 음식에 대한 식견이 높고 경험이 풍부하다. 아이템 발굴 능력이 발군이고 기사도 재밌게 쓴다. 평판이 좋을 수밖에 없다. 성격이 수더분하고 권위 의식이 전혀 없어 따르는 후배도 많다. 나도 그렇다. 박 선배의 기사를 챙겨보는 편인데, 이태 전 쓴 '북쪽으로 떠나는 시원한 냉면 여행'이라는 제목의 기사가 퍽 인상 깊었다. 경기 북부, 그러니까 연천과 동두천, 의정부에 위치한 네 곳의 냉면집을 소개하는 내용이었다. 그중 의정부 평양면옥은 경험한 적이 있어 새로울 것이 없었지만, 나머지 세 곳은 안면을 트지 못한 사이라 꼭 한번 가보고 싶었다.

이런저런 핑계로 세월을 죽이다 지난해 늦봄 드디어 날을 잡았다. 결론부터 내밀자면 초계탕의 그림자가 어른거리는 군남면옥의 냉면, 소고기 육수와 동치미 국물이 섞여 입속에서 즐겁게 각축을 벌이는 평남면옥의 냉면도 나쁘지 않았지만 연천의 황해냉면에 마음이 크게 움직였다. 황해냉면의 물냉면, 맵시가 단아하다. 면의 기색이 좀 어두운데, 껍질을 깐 메밀과 안 깐 메밀을 섞어서 그렇단다. 구운 달걀을 쓰는 점도 다른 냉면집에서는 볼 수 없는 광경이다. 냉면의 맛도 섭섭하지 않지만, 사실 냉면보다 더 마음 밭에 밟히는 건 식당을 운영하는 20대 중후반의 남매다. 한창 놀고 싶을 나이인데도 노포를 물려받아 온종일 냉면과 씨름하는 그들이 정말 대견했다(자세한 내용은 신문 기사를 참조하기 바란다). 냉면 장인들에게는 귀여운 수준이겠지만, 내 눈에는 그렇게 예뻐 보일 수가 없었다. 궁벽한 시골에서 '냉면의 미래'가 무럭무럭 자라고 있다.

Info

address 경기도 연천군 왕징면 68-3 **tel** 031-833-7470
menu 물냉면 7000원, 비빔냉면 7000원, 곱빼기 8000원, 사리 2000원,
편육 1만 5000원, 메밀찡전만두 6000원

Theme
03

우리
곁에
남아줘서
고마워

서울 지하철 3호선 경복궁역 2번 출구 부근의 금천교시장은 늘 사람들로 북적인다. 맛집이 몰려 있다는 소문이 서촌의 재발견과 맞물리면서 몇 년 전부터 찾는 사람들이 급격히 늘었다. 시장에서 도보로 5분 거리에 작업실을 둔 나도 한때는 하루가 멀다고 이곳에 출입했다. 헤아릴 수 없이 많은 추억이 시장 곳곳에 옹그리고 있다. 잘나가는 시장의 모습은 흐뭇하지만, 한편으론 안쓰러운 마음을 감출 길이 없다. 시장을 지켜온 노포들이 훌쩍 뛴 집세, 프랜차이즈의 공세 등을 감당하지 못해 하나둘씩 자리를 떴기 때문이다. 얼마 전에는 아담집이 문을 닫았다. 식당 이름처럼 아담하고 고운 할머니 혼자서 37년간 운영한 작은 백반집이다. 팔순을 바라보는 할머니의 기력이 예전만 못해 어쩔 수 없이 내린 결정이었다. 문 닫기 며칠 전 아담집에서 마지막 식사를 하는데, 속이 좀 뜨거워졌다. 동시에 아직 우리 곁에 남아 있는 오래된 식당들을 찬찬히 떠올렸다. 마음의 온도가 조금 더 올랐다.

Theme 03

속에도 팥, 겉에도 팥

PLACE 1

수복빵집

어머니는 유난히 떡과 빵을 좋아한다. 떡은 돌아가신 아버지가 애지중지했던 대상이기도 하다. 이성당, 풍년제과, 코롬방제과, 맘모스제과 등 지방의 이름난 빵집을 갈 때마다 그 흔한 빵조차 자주 사다 드리지 않은 나의 무심함이 새삼스러워 몸을 떨곤 했다. 어머니를 모시고 왔으면 가장 기꺼워했을 곳이 바로 '찐빵의 전당' 수복빵집이다.

    이 집 찐빵, 비주얼이 남다르다. 몸집은 기존 찐빵보다 작은데, 팥물을 꼼꼼하게 뒤집어쓰고 있다. 물론 빵 안에도 팥소가 들어 있다. 존득한 질감의 빵 안팎을 둘러싼 팥은 다디달다. 그렇다고 폭발적으로 달지는 않다. 강도가 세지만 수월하게, 행복하게 받아들여지는 단맛이

다. 거칠게 간 얼음에 팥과 계피물만 보탠 팥빙수는 찐빵의 여름 파트너로 손색없다.

　　찐빵 포장은 2인분부터 가능하며, 빵집 지척에 비빔밥으로 전국적인 유명세를 누리는 천황식당이 있다. 아 참, 단순하고 우직하고 평면적이고 아무런 기교도 없는, 파란 바탕에 흰 글씨로만 이뤄진 수복빵집의 간판이 너무나 마음에 든다.

address 경상남도 진주시 촉석로201번길 12-1 tel 055-741-0520
menu 찐빵 4개 3000원, 꿀빵 5개 5000원, 단팥죽 6000원, 팥빙수 6000원

열광의 도가니

PLACE 2

대성집

긴말 필요 없다. 대성집 하면 도가니탕이고, 도가니탕 하면 대성집이다. 무려 반세기를 훌쩍 넘긴 길고 긴 시간 동안 도가니 하나로 중원을 평정한 무림의 최고수다. 메뉴판에 해장국 메뉴도 있지만 먹는 사람은 어지간해서 찾아보기 어렵다. 몇 해 전 도심 재개발로 원래 있던 자리를 떠나 새롭게 보금자리를 틀었지만 다행히 맛은 여일하다. 간판에 적혀 있는 '60년 원조'라는 문구는 오늘도 훈장처럼 빛나고 있다.

    대성집 도가니탕 국물은 넘치지도 모자라지도 않는다. 공격적으로 찐득찐득하지도 않고, 기운 없이 헐렁하지도 않다. 얄미우리만치 맞춤하게 입에 감겨든다. 누린내? 남의 나라 이야기다. 반찬 중에는

'중용의 묘'를 잘 살린 깍두기와 마늘장아찌가 어여쁘다. 도가니와 힘줄의 질감은 탕으로 먹든, 수육으로 먹든 야들야들하고 보들보들하다. 치아에 적당히 달라붙다 쓱 풀어지면서 기분 좋게 식도를 타고 넘어간다. 최고의 식당들이 그렇듯 대성집의 장수 비결 역시 기본에 있다. 좋은 재료와 한결같은 정성. 꾀쓰지 않고 원칙과 근본에 충실하기. 말이 쉽지 실천은 지난한 법이다. 대성집의 열광의 도가니는 허투루 이루어진 것이 아니다.

Info

address 서울특별시 종로구 사직로 5 **tel** 02-735-4259
menu 도가니탕 1만 원(특 1만 3000원), 수육 2만 2000원, 해장국 6000원

세 할머니

PLACE 3

삼산옥 · 왕대포

전북 진안군의 삼산옥과 왕대포는 공통점이 있다. 허름한 '할머니 식당'이고 공히 40년을 넘겼다. 백운면의 삼산옥부터 가보자. 미닫이문을 열고 들어서면 하늘색 타일이 빼곡하게 붙은 조리대 겸 식탁이 가장 먼저 눈에 들어온다. 그 안에 아궁이가 들어 있다. 보통 김치찌개를 뭉근하게 끓여낸다.

　　삼산옥에는 81살 주인 할머니와 70살 종업원 할머니가 있다. 그런데 팔순의 공격수와 칠순의 수비수가 주고받는 말이 거칠고 걸쭉

하다. 돌려 말하는 법이 없다. 목청도 엄청 크다. 옆에서 듣는 사람이 머쓱할 정도다. 잘 벼려진 창끝처럼 날카로운 공격이지만 맞받아치는 수비수의 저항도 만만치 않다. 조금만 틈이 보이면 '제국의 역습'이 시작된다. 두 사람은 삼산옥의 알파와 오메가다. 함께한 세월이 30년이다. 말싸움의 호적수이자 속내를 알아주는 유일한 벗이고 무엇보다 남철, 남성남 콤비가 울고 갈 환상의 복식조다.

    삼산옥의 메뉴는 특별할 것이 없다. 김치찌개나 돼지두루치기 정도다. 달걀말이, 깻잎, 멸치볶음, 고등어조림 같은 반찬도 30년 지기처럼 익숙하다. 간이 제법 세서 심심한 맛을 좇는 친구들은 마땅치 않을 것이다. 물론, 나는 아주 맛있게 먹었다. 그저 삼산옥이 46년째 '마을 주방'으로 퍼주며 살아온 그 세월이 감격스럽고, 세월이 눌어붙어 우그러진 양푼조차 고마울 따름이다. 그런데, 현재 삼산옥은 휴업 중이다. 아무래도 할머니의 건강 문제 때문인 듯하다. 건강이 허락하는 한 일손을 놓지 않겠다는 두 할머니의 건강과 안녕을 바라고 또 바란다.

　　진안읍의 왕대포에는 할머니 혼자 계신다. 44년 동안 한자리를 지키며 찾아온 이들에게 배고프면 밥 내어주고 술 고프면 안주를 내어준다. 삼산옥과 마찬가지로 타일로 마감한 식탁을 갖추고 있다. 왕대포의 안주 역시 별다를 게 없다. 부침개나 두부가 고작이다. 맛도 별다를 게 없다. 당신 드시던 대로 간을 하고, 당신 드시는 밑반찬들을 툭툭 올려준다. 3000원짜리 막걸리 한 병을 시켜도 계속 뭔가를 챙겨주려고 한다. 과분한 인심이다. 할머니의 옛이야기를 안주 삼아 연신 술잔을 기울이다 보면 이내 불콰해진다. 날이 서 있는 마음도 바닷가 몽돌마냥 동글동글해진다. 글자로 포획되지 않는 대폿집 분위기는 직접 와서 느껴보는 수밖에 없다.

삼산옥 address 전라북도 진안군 백운면 임진로 1325-3
tel 063-432-4568 (현재 휴업 중이다. 언제 영업을 다시 시작할지 정확히 알 수 없다. 방문 전 전화로 확인해야 한다) menu 김치찌개, 돼지두루치기
왕대포집 address 전라북도 진안군 진안읍 진무로 1098-2(전북은행 바로 옆 골목)
menu 막걸리 3000원, 두부 4000원

할아버지 주방장의 요리 신공

PLACE 4

홍릉각

2013년 늦봄, 홍릉각과의 첫 만남은 인상적이었다. 겉으로 드러난 모양만 보면 그저 그런 동네 중국집이 분명했지만 당시 72살의 할아버지 주방장이 발휘하는 요리 공력에 감탄사를 연발했기 때문이다. 한때 이름을 날리던 강호의 고수가 초야에 은둔해 있는 격이라고나 할까. 잡채밥, 삼선짬뽕, 짜장면, 라조육 등을 먹어봤는데 '아, 중국집 음식이 이렇게 담백하면서도 맛있을 수 있구나'라고 생각했다. 우리가 흔히 생각하는 기름지고 자극적인 중화요리와는 거리가 멀었다. 화학조미료를 거의 쓰지 않아서인지 볶음 요리들을 연달아 해치우고 나서도 입안이 마르거나 속이 더부룩한 느낌이 전혀 없었다.

굴소스를 넣지 않은 '옛날식' 잡채밥은 고상한 맛으로 깊은 여운을 남겼다. 맵지 않지만 얇은 튀김옷과 촉촉한 돼지고기가 빈틈없는 앙상블을 이루는 라조육도 엄지손가락을 치켜들게 했다. 건해산물이 풍성하게 들어간 삼선짬뽕의 국물 또한 중후하다기보다 경쾌한 쪽에 가까웠다.

   그때도 노(老) 주방장은 피로한 기색이 역력했고, 많은 손님 치르는 것을 힘겨워했다. 몇 년 사이 단골들의 바람과는 다르게 할아버지의 건강은 더 나빠졌다. 자연히 영업시간은 짧아졌고, 칭송이 자자한 정탁 요리(1인당 얼마의 금액을 내고 맛보는 예약 코스 요리)도 사라졌다. 상대적으로 수월한 식사 메뉴는 아내가 대신 웍을 잡고 내오기도 한다. 어쩌면 그리 머지않은 시점에 할아버지를 주방에서 놓아드려야 할지도 모른다. 당연한 말이지만 우리의 입이 즐거운 것보다 당신의 건강이 우선이다. 미리 고개 숙여, 허리 굽혀 감사의 말씀을 올린다.

Info

address 서울특별시 동대문구 약령시로 90   **tel** 02-969-7787
menu 육미짜장 5500원, 삼선짬뽕 1만 2000원, 잡채밥 7700원, 라조육 1만 7000원

PLACE 5

팬더하우스

외지인에게 춘천은 닭갈비와 막국수의 좌우 날개로 나는 도시처럼 보인다. 어딜 가나 두 음식을 파는 식당이 눈앞을 막아선다. 하지만 춘천 시민들의 추억을 소환하는 음식은 따로 있다. 낭만 시장이라고도 불리는 중앙시장 부근의 몇몇 분식집에 가면 바로 만날 수 있다. 주인공은 튀김만두다. 튀김과 만두가 아니라 튀긴 만두다.

예전에는 튀김만두 가게들이 즐비했다는데, 지금은 팬더하우스(올바른 표기가 판다라는 건 나도 안다)를 비롯한 몇 집만이 영화로웠던 시절을 기억하고 있다.

    어수룩한 간판 밑을 지나 옹색한 내부로 들어서면 어느새 나는 학창 시절로 돌아가 있다. 1인분을 주문하니 노르스름하고 오동통한 튀김만두 12개가 접시에 담겨 나온다. 한입 베어 무는 만두가 아니라 한입에 쏙 들어가는 만두다. 미리 쪄놓은 만두를 쇼트닝을 듬뿍 넣은 기름에 튀긴 것인데, 피가 얇지 않으면서도 파삭하다. 만두소도 검박하다. 하긴 온갖 재료를 다져 넣은 화려한 만두는 '추억 속의 그대'가 될 수 없다. 만두 단짝 떡볶이도 빠트리면 안 되겠지. 익숙한 타원형 접시에 빨간 국물이 흥건하고, 쌀떡과 약간의 쫄면(쫄볶이에는 면의 양이 더 많다)이 반신욕을 즐기고 있다. 후추 향이 먼저 마중을 나오는 가운데 맛보는 국물은 처음엔 달다가 나중엔 은근히 맵다. 나른했던 쫄면의 식감은 다시 떠올려도 웃음이 난다.

Info
---

address 강원도 춘천시 명동길 49 **tel** 033-256-0920
menu 튀김만두 3000원, 떡볶이 3000원, 쫄볶이 4000원

아름다운 인수인계

PLACE 6

호반

반드시 들어맞는 것은 아니지만 오래된 식당에는 오래 일한 종업원이 있다. 그들의 정직한 몸에는 식당의 역사가 아로새겨져 있다. 대물림은 대기업의 전유물이 아니다. 유명한 식당, 업력이 긴 식당 중에도 자식이나 손주에게 물려주는 경우가 다반사다. 하지만 호반은 좀 다르다. 1961년 개업 이후 수많은 사람들의 사랑방 구실을 단단히 해오다 사정이 생겨 가게 문을 닫은 것이 2015년 6월. 애주가와 미식가들의 탄식을 안도의 한숨으로 바꾼 장본인은 무려 40여 년간 호반에서 일한 '주방 이모'다. 그는 재동에서 낙원동으로 자리를 옮겨 다시 문을 열었다. 누구보다 가게를 잘 아는 종업원이 새로운 주인이 된 까닭에

호반은 옛 멋과 맛을 누락 없이 계승하고 있다. 단지 피붙이라는 이유만으로 준비 없이, 철학 없이, 의욕 없이 식당을 이어받았다가 결국 가업을 허물어트린 사례를 우리는 적잖이 목도했다.

호반은 주요리의 맛도 좋지만 기본으로 깔리는 반찬부터가 강력하다. 특히 수더분해서 더욱 호감이 가는 물김치와 '뼛속'까지 하들하들한 꽁치조림은 이 집의 간판이라 할 만하다. 봄비처럼 촉촉한 콩비지, 어지간한 순대 전문 식당을 부끄럽게 만드는 대창 순대, 살도 양념도 삼삼한 병어찜, 벚꽃 필 때 가장 맛있다는 계절 한정 메뉴 강굴까지 갈 때마다 주문하고 싶은 메뉴가 한두 가지가 아니다. 이쯤에서 그만하자. 생각만으로도 뱃속에서 천둥이 친다.

Info

address 서울특별시 종로구 삼일대로26길 20 tel 02-745-6618
menu 우거지탕 6000원, 콩비지 6000원, 순대 大 3만 원·中 2만 원,
병어찜 大 4만 5000원·中 3만 5000원, 서산강굴 3만 원, 낙지볶음 3만 원

아, 달달해

PLACE 7

장수보쌈

얼마 전 장수보쌈에 또 갔다. 이날따라 눈이 번쩍 뜨일 정도로 돼지고기가 달았다. "할머니, 고기가 어쩜 이렇게 달아요? 고기 삶을 때 뭘 넣으시는 거죠?"라고 묻고 싶었으나 결국 입 밖으로 꺼내지는 않았다. 장수보쌈은 내가 좋아하는 요소를 두루두루 갖추고 있다. 촌스런 간판, 가냘픈 미닫이문, 무심한 인테리어, 몇 개 없는 테이블, 나이 지긋한 손님들, 머리와 허리를 구부리고 올라야 하는 작은 계단, 다락방 같은 2층 그리고 고기 썰어주는 할머니. 보쌈집치고는 메뉴가 많은 편이다. 몇 종류의 찌개에 더해 떡만두와 칼국수, 심지어 냉면도 판다. 시험 삼아 순두부찌개와 냉면을 시켜본 적이 있다. '맛있지'가 투하됐지 싶은 익숙한 맛이었다. 뭐, 보쌈집이니 보쌈만 잘하면 그만이다.

치장하지 않은 말간 접시에 담긴, 온기를 지닌 돼지고기의 자태가 눈부시다. 적당한 두께, 살코기와 비계의 황금분할, 치아를 편안하게 감싸주는 미덕, 누린내 없는 달콤함. 돼지고기 수육의 소울메이트인 진한 보쌈김치도 견과류를 넣고 돌돌 말아 단면이 보이도록 썰어낸 것이 아니라서 더 만족스럽다. 젓가락으로 김치를 집다 굴 한 점이라도 딸려오면 그야말로 득템한 기분이다. 이 집의 삶은 돼지고기는 어느 날은 엄청 달고, 어느 날은 덜 달고, 어느 날은 굉장히 부드럽고, 어느 날은 살짝 퍽퍽하고, 어느 날은 반듯하고, 어느 날은 삐뚤빼뚤하다. 물론 편차는 크지 않다. 세세한 차이를 감지해내는 것은 단골이 누릴 수 있는 재미이기도 하다. 참고로 보쌈백반에는 수육과 보쌈김치 이외에 공깃밥과 두세 가지의 반찬이 곁들여진다.

Info

address 서울특별시 중구 동호로 378-2 **tel** 02-2272-2971
menu 보쌈 1만 7000원, 보쌈백반 9500원

막 퍼주는 국숫집
PLACE 8

행운집

행운집은 임실군 강진공용버스터미널 지척에 있다. 식당 내력은 30년이 넘는다. 주인 할머니는 체구는 작은데 손이 크다. 국수 양이 정말 푸짐하다. 머리고기도 그냥 먹으라고 내준다. 국수 나오기 전 막걸리 한 병이 금세 없어진다. '착한 가격'에도 눈길이 쏠린다. 물국수 3000원, 비빔국수 3500원이다. 맛과 양을 감안하면 지나치게 저렴하다.

　　　행운집은 여전히 자연 건조 방식을 고수하는 백양국수를 사용한다. 중면보다 살짝 더 굵다. 부드러우면서 탄력이 넘친다. 그냥 먹어

도 미세한 짠맛이 느껴진다. 면발의 매력을 제대로 전달하는 것은 홀가분한 차림의 물국수다. 야단스럽지 않은 멸치 육수의 풍미와 살짝 입힌 들기름 향이 사이좋게 어우러져 있다. 과하게 달거나 맵지 않은 비빔국수는 들깻가루의 향미가 살아 있다. 어릴 적 외할머니가 해주던 맛이다. 상황에 따라 상추나 배추를 겉절이 재료로 삼는다. 매달 둘째와 넷째 주 수요일 휴무. 하지만 장날이 수요일일 경우에는 영업한다.

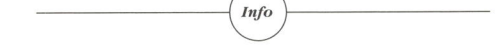

address 전라북도 임실군 강진면 호국로 14-12 **tel** 010-4364-1094
menu 물국수 3000원, 비빔국수 3500원, 콩국수 4000원, 팥칼국수 4000원, 김치수제비 4000원, 다슬기칼국수 6500원

풀뿌리 횟집

PLACE 9

삼우일식

방산시장 입구에서 40여 년을 버틴 동네 횟집이자 풀뿌리 일식집이다. 역시 멋 부리지 않은 간판부터 정감이 간다. 직접 경험한 바로는 30~40대 이상의 남자 손님들이 주를 이룬다.

저녁 시간에 가면 너나 할 것 없이 모둠회를 요청한다. 우선, 곁들임 요리들(당연히 그날그날 다르다)이 속속 테이블 위에 안착한다. 가짓수가 많지 않지만 하나같이 알차고 실속 있다. 해삼, 톳나물무침, 광어껍질무침, 대구알찜, 오징어양배추샐러드처럼 씹는 재미가 두드러진 음식이 많다. 멍게, 성게, 미역무침, 호박찜, 오징어미나리데침, 대구전, 풀치구이 등도 선을 보인다. 모둠회를 구성하는 생선 중에는 광어의 존재감이 빛을 발한다. 깨끗이 손질해서 두 시간 냉장 숙성시킨 광어를 두툼하게 썰어내기 때문에 한 점 집어 혀 위에 올리면 척 달라붙는다. 활어회의 장점을 어느 정도 갖고 있으면서 선어회의 장점은 고스란히 흡수한 느낌이다. 광어는 부위에 따라 다른 식감을 지녔는데, 특히 지느러미 쪽 살이 꼬독꼬독하다.

역사, 맛, 서비스, 일관성 등과 더불어 청결한 식당 관리도 삼우일식에 좋은 점수를 주게 되는 중요한 요인이다. 탁자와 선반은 반질반질하고, 화장실도 아주 깨끗하다.

Info

address 서울특별시 중구 을지로35길 52 **tel** 02-2266-7457
menu 메뉴판에는 모둠회와 광어회 가격이 적혀 있지 않다.
모둠회의 경우 소(小) 자가 10만 원인데, 2명이 가면 8만 원에 맞춰준다.

해산물을 제외해도 풍성한 항구도시

PLACE 10

성식당 • 쑥굴레

목포는 남도에서도 '맛 1번지'로 통한다. '몸도 마음도 허기질 때면 목포에 가보라'는 말은 괜히 나온 것이 아니다. 목포가 전면에 내세우는 다섯 가지 음식이 있다. 세발낙지, 홍탁삼합, 꽃게무침, 민어회, 갈치조림. 어느 것 하나 버릴 수 없는 '목포 5미'인데, 홍탁삼합의 일원인 돼지고기를 빼면 전부 해산물이다. 그렇다고 목포 사람들이 매일같이 생선만 먹는 것도 아니고, 바다 혼자 쓸쓸히 목포의 맛을 지키는 것도 아니다. 항구도시 목포에서도 평판 좋은 고깃집을 얼마든지 찾을 수 있다. 55년 전통의 성식당은 상남자 스타일의 떡갈비로 먹고산다. 갈다시피 다져서 저항감이 느껴지지 않는 곱디고운 떡갈비가 아니다. 무심한 듯 거칠게 칼질한 다음, 석쇠에 끼워 연탄불에 구워낸다. 육즙이 다 사라질 때까지 바싹 굽지 않고 적당한 선에서 끝낸다. 흘러넘칠 것 같은 담음새 때문에 눈이 즐겁고, 불 내음이 서려 있어 코가 즐거우며, 씹는 맛이 각별해서 입 또한 즐겁다. 영업시간은 오전 9시 30분부터 오후 8시까지인데, 갈비 굽는 시간은 오전 11시부터 오후 7시 40분까지로 안내돼 있다. 특이하게 목요일에 쉰다.

마지막으로 목포의 오래된 주전부리 하나 추천한다. 이름도 살가운 쑥굴레. 경단처럼 동글게 만든 쑥떡에 팥고물을 묻혀 조청에 버무린 음식이다. 보기보다 그렇게 달지 않아 쉬이 물리지 않는다. 목포역 부근에 같은 이름의 분식집이 있다. 대를 이어 60여 년간 시민들의 출출한 속을 책임지고 있다. 쑥굴레 이외에 직접 빚은 만두도 권할 만하다.

Info

성식당 address 전라남도 목포시 수강로4번길 6 tel 061-244-1401
menu 떡갈비 2만 2000원, 갈비탕 1만 1000원
쑥굴레 address 전라남도 목포시 영산로59번길 43-1
tel 061-244-7912 menu 쑥굴레 5000원

Theme
04

내 집 앞에 있으면 좋겠어

간밤 들이부은 술로 속이 시끄러울 때면, 내 방 창문을 열자마자 평양냉면집이 보이면 얼마나 좋을까 상상한다. 밀린 원고를 가까스로 마감하고 깨어 있는 사람보다 자고 있는 사람이 많을 시각에 귀가할 때면 따끈한 국수 한 그릇 말아주는 심야 식당이 왜 집 근처에는 없을까 아쉬워한다. 부산에서 밀면 빨아들일 때(먼이네?), 제주에서 고기국수 욱여넣을 때(또 먼이네?), 충청도에서 어탕국수 허발할 때(또, 또 먼이네?)도 이런 음식 파는 식당이 집에서 몇 걸음 안에 있다면 더 바랄 나위가 없겠다고 속엣말을 한다. 허나 현실은 차갑고 냉정한 법. '지방의 고유한 음식이 서울로 올라오면 그 맛이 안 나겠지?'라고 생각하며 결국 귤화위지(橘化爲枳) 고사로 헛헛한 위안을 삼고 만다.

Theme 04

당신을 위한 솥밥

PLACE 1

류지

2015년 11월 19일부터 MBC 라디오 〈테이의 꿈꾸는 라디오〉의 목요일 코너 '쿡 & 밤'에 매주 출연 중이다(이 책이 독자들을 만날 때쯤이면 아닐 수도 있겠지만). 음식점 한 곳을 소개하고, 청취자들로부터 '나의 소울 푸드'를 주제로 사연도 받는다. 워낙 라디오를 좋아하는데다 음식 이야기를 실컷 늘어놓을 수 있으니 즐겁지 않을 수가 없다. 프로그램 DJ인 가수 테이, 코너 짝꿍 박연경 아나운서와의 호흡도 정말 잘 맞는다(설마 나 혼자만의 생각은 아니겠지?). 테이 씨는 듣던 대로 젠틀하고 섬세하며, 무엇보다 잘 먹는다. 다이어트를 위해 참고 또 참을 뿐. '고백 여신' 연경 씨는 노래도 부르고 음식도 만들어오는 등 다양한 '미션'을 수행

중이다. 하이라이트는 청취자 여러분이 자신의 경험담을 실어 보내주는 다양한 음식 사연이다. 언제나 정겹고 유쾌하고 애틋하다.

각설하고, '쿡 & 밤'을 통해 다룬 식당들 가운데 청취자 반응이 가장 좋았던 곳 중의 하나가 바로 서울 마포구 합정동의 류지다. 지난 크리스마스이브에 선물처럼 우리 곁에 찾아온 류지는 '살림살이'가 훗훗하다. 손님이 앉을 수 있는 자리는 2인용 테이블 2개, 오픈 키친을 마주보는 일자 형 테이블에 놓인 의자 5~6개가 전부다. 매일매일 바뀌는 류지 밥상의 중심을 잡아주는 것은 역시 매일매일 바뀌는 무쇠솥밥이다. 최근 류지의 인스타그램을 보면 옥수수버터솥밥, 문어부추솥밥, 새송이아스파라거스버터솥밥, 단호박불고기솥밥, 얼갈이미소삼겹솥밥, 아보카도솥밥 등을 준비했다. 수굿한 분위기 속에서 좋은 재료를 이용해 제대로 된 '집밥'을 대접하고 싶다는 주인장이자 주방장의 바람이 투영된 결과다.

내가 류지에서 처음 접했던 것은 사근사근한 마와 다시마를 올린 솥밥이었다. 미리 해놓아 숨이 눌려 있거나 닫힌 뚜껑 아래서 땀을 뻘뻘 흘리는 공깃밥이 아니라 갓 지어 밥알 하나하나가 생긋생긋 웃고 있는 솥밥이었다. 생기발랄한 밥 한 숟가락에 간장을 살짝 끼얹어 구운 김에 싸 먹었더니 마음이 포근포근해졌다. 무쇠솥 주변은 속내가 다 비치는 콩나물뭇국을 비롯해 명란마요, 꽈리고추곤약조림, 귤드레싱샐러드, 김치, 단호박양갱 등이 지켜줬다. 전반적으로 비어 있는 듯하면서도 속이 꽉 찬 허허실실의 맛이었다. 어쩌면 '자극의 시대'에 살고 있는 우리에게 가장 필요한 밥상이 아닌가 싶었다. 사람들은 내 외모를 보고 매일 같이 순댓국이나 두루치기만 먹는 줄 알지만 나도 이런 식단 엄청 좋아한다. 월요일과 화요일 휴무. 예약 권장.

address 서울특별시 마포구 포은로 11 tel 02-338-9759
menu 오늘의 메뉴 1만 2000원

맛있게 구워줘서 고마워
PLACE 2

부흥식육식당

세상에서 가장 맛있는 고기는? 소고기? 돼지고기? 닭고기? 아니다. 남이 구워주는 고기다.

    북상주 IC에서 차로 약 10분 거리, 국도변에 자리한 부흥식당은 남이 고기를 구워주는데, 비계 함유량이 적당한 돼지고기(!)를, 진리의 연탄불(!)에, 숙련된 솜씨(!)로, 아주 맛있게 구워준다. 시골 슈퍼 같은 외관은 이 집의 내력을 짐작케 한다. 실제로 같은 자리에서 고기를 구우며 50여 년의 세월을 보내고 있다. 실질적으로 단일 메뉴 식당이나 마찬가지다. 두 가지 '옵션' 중 소금구이보다 석쇠구이에 대한 선호도가 월등하기 때문이다. 가게 입구 옆 별도로 마련된 공간에서 고추장 양념을 바른 돼지고기를 정성껏 익혀낸다. 사석이나 방송에서 자주 하는 이야기지만 석쇠를 뒤집어가며 연탄불에 무언가를 굽고 있는 모습은 언제 봐도 사뭇 감동적이다. 한 판씩 구워서 석쇠째 테이블로 가져다주기 때문에 불판이 없어도 따뜻하게 먹을 수 있다. 불맛이 연하게 배어 있는 고기는 말랑하고 간은 절묘하다. 과하게 맵거나 짜지 않아 아이들도 좋아한다. 예전보다 단맛이 좀 더 강해진 것 같기는 하다. 어쨌든 자극적이지 않아 뱃구레가 빵빵하도록 먹게 된다. 반찬 중에는 제법 곰삭은 김치가 '매력 지수' 선두를 달리는 가운데 양념 된 고기를 새우젓에 찍어 먹는 맛도 괜찮다. 특히 너부죽하거나 억세지 않은 상추는 함께 싸 먹어도 고기의 질감을 방해하지 않는다.

Info

address 경상북도 상주시 남적로 6-75 **tel** 054-532-6966
menu 석쇠구이 1만 6000원, 소금구이 1만 8000원, 공깃밥 1000원

PLACE 3

백여상회

지난해 7월 초 구름이 잔뜩 낀 어느 날, 도합 185살의 아재 넷(내가 막내다)이 고속버스에 몸을 실었다. 목적은 김치찌개, 목적지는 전북 완주군의 한 구멍가게였다. 누가 알면 미쳤다고 할 만한 행보였는데, 사전 정보가 워낙 희미해서 가는 도중에도 정확한 위치를 몰랐다.

    우여곡절 끝에 도착한 백여리의 백여상회. 고지식한 간판에는 상호 이외에 '오봉산 입구 쉼터'라는 문구가 적혀 있었다. 아마도 오가는 등산객들이 주 고객인 듯했다. 가게 내부를 '스캔할' 여력도 없이 자리에 털썩 주저앉아 김치찌개와 막걸리를 주문했다. 먼저 등장한 반찬 8종 세트. 배추김치, 고들빼기김치, 고추장아찌, 상추겉절이, 깻잎장아찌, 오이무침, 매실장아찌에 이름이 가물가물한(술 좀 줄이자) 나물까지. 어느 것 하나 밥도둑 아닌 것이 없었다. 야구에 비유하자면 1번부터 9번 타자까지 전부 이승엽이었다. 무심한 표정으로 즉석에서(물론 김치와 장아찌 종류는 미리 담가놓는다), 거침없이, 조물조물 음식을 무치는 주인아주머니의 모습이 환영처럼 떠올랐다. 드디어 대망의 김치찌개 등판. 찌그러진 양재기에 흥덩흥덩 넘칠 듯 담긴 찌개는 보는 것만으로도 얼큰함이 전해졌다. 건더기가 정말 푸짐했는데, 특히 돼지고기는 꺼내도 꺼내도 끝이 없었다.

  식사(술자리라고 해도 무방하다)를 마치고 나오며 주인아저씨께 슬쩍 여쭈었더니 강산이 세 번 바뀌고도 남는 세월 동안 같은 자리에서 영업 중이라고 했다. 나는 웬만해서는 산 출장을 가지 않는다. 더 정확히 말하자면 산 근처에도 얼씬거리지 않는다. 왜냐고? 벅차서 그렇다. 하지만 이런 가게라면, 설령 산 입구(중턱이나 정상은 안 된다)에 있다 하더라도 얼마든지 방문할 용의가 있다. 물론 내가 사는 집 혹은 일하는 작업실 코앞이면 가장 좋겠지만.

Info

address 전라북도 완주군 구이면 백여리   **tel** 063-221-6315
menu 김치찌개 6000원

내 식욕을 부탁해

PLACE 4

이자카야 로바다야 카덴

카덴의 정호영 셰프는 JTBC 〈냉장고를 부탁해〉에 출연하기 훨씬 이전부터 평판이 좋았다. 그가 서교동에 세운 '카덴 삼 형제(이자카야, 우동, 로바다야)'는 음식을 해부하듯 먹는 사람, 스스로 입이 까다롭다고 여기는 사람, 무엇을 먹든 배부르면 장땡이라고 생각하는 사람, 소문 듣고 기대치가 부풀어 찾아온 사람, 큰 기대 없이 에멜무지로 들른 사람을 빠짐없이 만족시켰다. 글 쓰는 요리사 박찬일은 일찍이 "정호영은 후배지만 요리 솜씨가 좋아 존경하고 배우게 된다. 카덴은 서울 서부권의 최강자"라고 극찬한 바 있다. 우동 카덴은 서교동에 남겨두고, 이자카야와 로바다야를 합쳐 연희동으로 이전한 지금도 여전히 인기 고공행진 중이다.

카덴은 '멀티 플레이어'다. 썰고, 굽고, 튀기고, 끓이는 요리를 두루 잘한다. 드문 경우다. 식재료 선정 및 관리에 엄격하고, 제철 산물을 적극적으로 이용해 메뉴를 수시로 바꾸는 점도 좋은 평가를 받는다. 그러니 추후 카덴 방문 시 여기 언급된 메뉴가 없을 수도 있다. 모둠회는 사람들이 가장 많이 찾고 가장 꾸준히 찾는 메뉴다. 구성, 선도, 플레이팅 모두 탁월하다. 생선구이 중에는 옥돔이 태가 난다. 뜨거운 기름을 부어 비늘의 모양과 식감을 잘 살렸다. 개인적인 의견이지만 지금껏 카덴에서 경험한 튀김의 제왕은 복곤이튀김(정확한 표현은 곤이가 아니라 이리다)이다. 오른손잡이 농구 슈터의 왼손처럼 슬쩍 거들 뿐인 튀김옷은 바스락거리고, 이리는 더할 나위 없이 부드러우며, 이리를 감싼 차조기잎은 쌉싸래하다. 그런데, 최근에는 이 메뉴를 본 적이 없다. 표고버섯 안쪽에 닭다리 살을 넣어 튀긴 요리도 입을 마냥 즐겁게 해준다. 계절 메뉴도 카덴을 찾는 중요한 목적이 된다. 강굴은 민물과 짠물이 몸을 섞는 섬진강 하구에 주로 서식한다. 바다 굴보다 덜 짜고 덜 비린 강굴은 봄 햇살처럼 싱그럽고 봄나물처럼 풋풋하다. 여름의 도래를 알리는 은어도 계절이 지나가기 전 꼭 만나야 하는 귀한 손님이다.

Info

address 서울특별시 서대문구 연희로 173 거화빌딩 **tel** 02-337-6360
menu 모둠회 大 7만 5000원·中 4만 8000원·小 3만 2000원, 옥돔구이 2만 8000원,
은어구이 2만 원, 닭다리살표고가지튀김 2만 3000원, 나가사키짬뽕 2만 2000원

가까워도 좋은 처가
PLACE 5

처갓집

처가와 뒷간은 멀수록 좋다는 옛말이 있다. 나로서는 맞는지 틀리는지 알 길이 없다. 아직(도) 결혼을 못 했기 때문이다. 고로 처갓집은 나에게는 없는 집이다.

     서울 다산동의 처갓집(보통 신당동 혹은 약수역 처갓집으로 통한다)은 시골집 분위기를 폴폴 풍긴다. 마당과 마루를 갖추고 있으며, 살림집 가구를 들여놓은 방(마당에도 테이블이 하나 마련돼 있다)에 앉아 음식을 먹는다. 메뉴는 복잡하지 않다. 찐만두, 백숙, 막국수 정도. 만둣국

은 겨울 메뉴다. 주인 할머니는 평안도가 고향인 시어머니의 손맛을 고스란히 물려받았다. 전반적으로 평안도 음식의 특징인 담박하면서도 깊은 맛이 난다. 넓적하고 도톰한 찐만두(5000원에 5개)로 시동을 걸었다면 기름기가 쪽 빠져 말캉한 백숙을 마주할 차례. 가슴살은 퍽퍽하다는 공고한 편견조차 눈 녹듯 사라진다. 다진 양념장, 고추 간장, 겨자 등을 자신의 입맛에 맞게 배합한 다음 콕 찍어 먹으면 된다. 막국수 중에는 동치미 국물을 이용한 물막국수를 추천한다. 할머니 두 분이 손수 반죽하고 면도 직접 뽑는다. 먹다보면 칼은 짧을수록 위험하고 디자인은 단순할수록 아름답듯이 음식도 수수할수록 최고라는 문장을 다시금 곱씹게 된다.

address 서울특별시 중구 동호로11가길 22 **tel** 02-2235-4589
menu 찐만두 5000원, 백숙 2만 원, 막국수 6000원, 만둣국(겨울 메뉴) 6000원

발보다 발가락이 더 크다
PLACE 6

영광식당 · 대인분식

여기 배보다 배꼽이 더 크고, 발보다 발가락이 더 큰 식당이 있다. 2인분 이상의 국밥을 요청하면 모둠순대를 공짜로 내주는 곳, 음식 인심이 넉넉하다 못해 지나친 곳, 주는 대로 먹다가 배 터지는 곳, 바로 광주 대인시장의 영광식당이다.

시장 안 국밥 골목 끝에 자리한 영광식당의 국밥은 순대 없이 다양한 돼지 부속을 푸짐하게 넣고 끓인다. 잡냄새를 잘 걷어낸 뜨거운 국물이 속을 후련하게 해준다. 개인적으로는 국밥 국물에 말아낸 국수가 더 별맛이다. 국밥과 국수를 하나씩 시켜도 군말 없이 순대 서비스를 제공한다. 그러니 국밥이나 국수 이외에 순대를 따로 혹은 먼저 주문하면 현지 주민들이 이상하게 쳐다보는 것도 무리는 아니다. 거저먹는 순대라고 '품질'을 의심하면 곤란하다. 서울이라면 1만 5000

원 이상을 받아도 하등 이상할 것이 없을 만큼 양과 맛 모두 우수하다. 순대, 내장, 머리고기를 수북하게 담고 그 위에 깻잎, 쑥갓, 당근, 들깻가루를 흩뿌린다. 영광식당 손님 중에는 교복 입은 학생들이 자주 눈에 띈다. 국밥 6000원, 국수 5000원 그러니까 1만 1000원만 내면 밥, 국수, 국물, 내장, 순대를 배가 동글어지도록 먹을 수 있다. 상대적으로 지갑이 얇은 학생들에게 이만한 성찬이 또 있을까 싶다. 한창때의 아이들이야 그럴 리 없겠지만 남은 음식은 포장해준다.

대인시장의 또 다른 명물 대인분식도 멸치국수 2000원이라는 경이로운 가격을 유지하고 있다. 멸치를 우려낸 국물, 저작감이 근사한 중면, 주인아주머니의 비법 간장이 물 샐 틈 없는 호흡을 맞추며 위풍당당한 맛을 이룩해낸다. 1000원에 4개나 주는 찹쌀도넛도 아주 반갑고 신통하다.

Info

대인시장 address 광주광역시 동구 제봉로194번길 7-1 대인시장 제1주차장 tel 062-233-1421
영광식당 tel 062-222-5048 menu 국밥 특 7000원·보통 6000원, 국수 5000원
대인분식 tel 062-226-4493 menu 멸치국수 2000원, 찹쌀도넛 4개 1000원

마성의 식빵

PLACE 7

김진환제과점

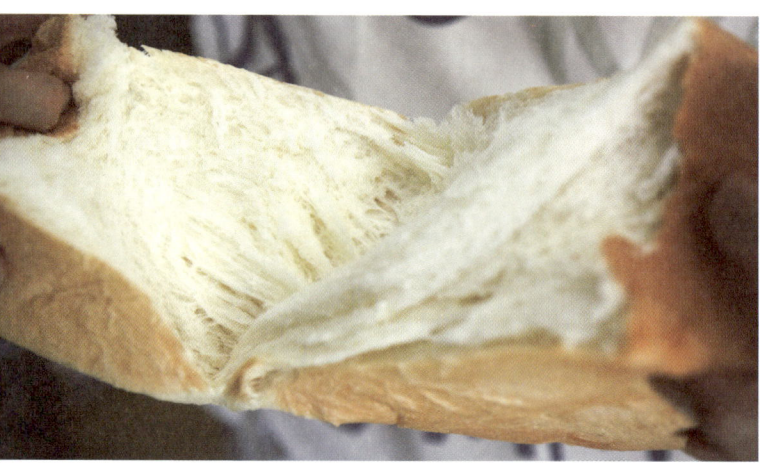

기미한 진열대와 번듯한 테이블을 갖춘 빵집들이 몸무게가 아무리 많이 나가도 상관없는 무제한급 선수라면 빵을 올려놓은 트레이 몇 개로 공간이 꽉 차는 김진환제과점은 최경량급 선수라고 할 수 있다. 업장이라고 부르기에도 민망한 곳에서 가내수공업의 형태로 빵을 생산한다. 손님들은 이곳에 와서 빵의 개수를 말하고 값을 지불하는 것 이외에는 다른 사치를 조금도 누릴 수가 없다. 메뉴의 다양성에서도 비교가 되지 않는다. 1996년 이래 거의 우유식빵 하나로 열혈 지지자를 양산해냈다. 일견 특별할 것 없는, 평평범범하게 생긴 이 집 식빵의 맛은 가위 천의무봉이다. 냄새는 갓 지은 밥처럼 구수하고 촉감은 부

들부들하며 식감은 쫄깃하기 이를 데 없다. 일단 한번 손을 대면 홀린 듯 계속 먹게 된다. 그래서인지 여러 개의 식빵을 한꺼번에 사가는 사람도 부지기수다. 김진환제과점의 식빵은 통으로 구입해 손으로 찢어 먹어야 제격이다. 그러면 마치 닭의 가슴살이나 소고기 장조림처럼 탄력 만점의 결이 일어난다. 식빵 자체에 완결성이 있어서 다른 식재료나 토핑의 도움은 받을 필요가 없다. 각종 잼이나 버터 역시 순결한 맛을 떨어뜨리는 훼방꾼 노릇을 할 뿐이다. 우유식빵의 위세가 워낙 대단해서 그렇지 밤빵, 소보로빵, 모카빵을 선택해도 후회할 일은 없다. 영업시간이 있기는 하지만 일찌감치 매진되는 일이 일상처럼 일어나기 때문에 최대한 서둘러야 한다. 그러니까 내 집 앞에 있으면 좋겠다고!

Info

address 서울특별시 마포구 와우산로32길 41 tel 02-325-0378
menu 우유식빵 3300원, 밤빵 2800원, 아몬드소보로빵 1500원, 호두모카빵 3300원

명경지수 곰탕

PLACE 8

애성회관한우곰탕

분야를 막론하고 대형 신인의 출현은 관심을 끌게 마련이다. 요식업계도 마찬가지다. 소비자 입장에서야 선택의 범위가 넓어진 점이 반가울 수밖에 없다. 신선한 자극을 받은 기존 '선수들'은 매무새를 가다듬으며 심기일전의 계기로 삼는다.

애성회관은 만 4년 남짓한 역사를 간직하고 있다. 그러니까 곰탕계의 '고목' 서울의 하동관이나 나주의 하얀집에 견주면 매우 일천한 경력이다. 하지만 애성회관은 세상에 모습을 드러내면서부터 최상급 한우 수육과 곰탕으로 강렬한 인상을 남겼다. 이른바 '핫 데뷔' 신

인이다. 곰탕은 양지머리만으로 우려낸 육수에 간장으로 간을 한다. 귀태가 흐르는 놋그릇에 명경지수처럼 깨끗한 국물이 안겨 있다. 맨 밑에 밥이 놓이고, 그 위에 대여섯 점의 고기와 한 움큼의 국수가 음전하게 올라간다. 수육의 퀄리티는 전국적으로 손꼽히는 곰탕집들과 승부를 다퉈도 처지지 않는다. 국물의 간이 짭짤하게 맞춰져 있어 개인적인 취향을 반영하기 어렵다는 점, 수육과 국물의 달큰함 때문에 의외로 쉽게 물린다는 점을 아쉬워하는 사람들도 있다. 여름에는 기존 메뉴에 파주 장단콩을 사용해서 만든 콩국수가 더해진다. 개인적으로는 아직 못 먹어봤는데, 주변 평가는 후한 편이다. 가능하다면 점심시간을 피해 방문하는 것이 바람직하다. 마치 알람이라도 맞춰놓은 듯 식당 인근 회사원들이 한꺼번에 들이닥친다.

Info

---

address 서울특별시 중구 남대문로5길 23 세창빌딩 **tel** 02-352-0303
menu 곰탕 8000원(특 1만 원), 수육 4만 5000원, 콩국수(여름 한정 메뉴) 8000원

자부심을 튀긴다

PLACE 9

시장탕수육

신림동 신원시장 안에 있다. 점포는 작고 볼품없지만 18년째 탕수육을 튀기고 있는 노부부의 자부심만은 꼿꼿하다. 국내산 돼지고기 등심을 고집하고, 기름도 절대 재생하지 않는단다. 탕수육은 고기와 튀김옷의 비율이 적당하다. 귤, 당근, 양파 등이 들어간 소스도 너무 되직하거나 달지 않아서 좋다. 이 정도면 유명 중식당의 탕수육 앞에서도 고개를 빳빳하게 들 만하다. 무엇보다 회전율이 엄청나게 빠르기 때문에 언제 찾아도 금방 튀겨낸 탕수육을 먹을 수 있다는 점이 최고의 미덕이다. 조리대 앞에 겨우 두세 명이 앉을 수 있는 구조라서 거의 모든 사람들이 포장해 간다. 당연히 소스도 따로 챙겨준다. 가격은 사는 사람이 되레 미안해지는 3000원. 5~6년 전에는 말도 안 되는 금액 2000원이었다. 3000원어치 양도 섭섭하지 않지만 5000원짜리를 주문하는 사람도 많다. 단언컨대, 포장해서 최종 목적지까지 가져가는 도중 절반가량은 없어진다. '참사'를 막으려면 아예 비닐봉지 쪽으로는 눈길도 주지 말아야 한다. 물론 고혹적인 탕수육 냄새 때문에 실패할 확률이 매우 높다. 매달 둘째와 넷째 화요일 휴무. 신원시장은 지하철 2호선 신림역 4번 출구로 나와 도림천 다리를 건너면 왼편에 있다.

Info

address 서울특별시 관악구 신원로 23　**tel** 02-866-3995
menu 탕수육 3000원

PLACE 10

망원동즉석우동

거나한 술자리가 끝나고 집으로 돌아갈 때면 탄수화물에 대한 갈망이 폭주한다. 산해진미를 먹었어도 별무소용이다. 라면이나 우동 생각이 간절하다. 그래서 새벽까지 불을 밝히는 망원동즉석우동의 존재가 얼마나 고마운지 모른다. 우동 메뉴는 두 가지다. 즉석우동과 어묵우동. 이름이 모든 걸 말해준다. 즉석에서 기계로 뽑은 우동에 어묵을 더한 것이 어묵우동이다. 면발은 보통의 우동 면보다 가늘지만 다부지다. 맛은 꽤나 맵다. 양념장 때문이다. 알알한 맛에 취약한 사람은 직접 양념장을 덜어내거나 주문할 때 덜 맵게 해달하고 부탁하면 된다. 돈가스도 판다. 얇고 평퍼짐한 고기가 진한 소스에 흠뻑 젖어 있다. 우동도, 돈가스도 기절초풍할 정도로 충격적인 맛은 아니지만 확실히 중독성이 있다. 돈가스 가격은 8000원이지만 오전 10시 30분부터 오후 2시 사이에는 7000원만 받는다. 영업시간이 월요일, 화~토요일, 일요일이 차이가 난다.

Info

address 서울특별시 마포구 동교로 83 **tel** 02-336-1330
menu 즉석우동 5000원, 어묵우동 6000원, 어묵 5000원, 돈가스 8000원

Theme
05

내가
가는
길이
맛이다

지금은 폐지됐지만, 지난 몇 달간 MBC에서 〈노중훈 박찬일의 주방장과 작가〉라는 팟캐스트를 진행한 적이 있다. 매번 셰프, 음식 칼럼니스트, 소설가, 웹툰 작가, 전통주 홍보 전문가 등을 초대해 흐드러지게 이야기꽃을 피우는 프로그램이었다. 어느 날 '중식의 대부'로 불리는 왕육성 사부를 모셨다. 대가의 스승들에 대해 토크를 나누던 도중 그는 곽보광 셰프로부터 '요리의 용기'를 배웠다고 했다. "곽 사부는 확고한 신념을 가진 사람이었다. 손님들의 이런저런 요구에도 흔들리지 않고 자신의 고집대로 맛을 냈다. 간을 맞추는 것도 그랬다. 나도 그 이후 나만의 간을 연구했다." 손님들의 말에 귀를 기울이는 것은 물론 필요하다. 하지만 철학 부재로 줏대 없이 휩쓸리는 건 전혀 다른 문제다. 어차피 만인의 입맛과 기호를 충족시킨다는 건 불가능하다. 쉼 없는 공부를 통해 나만의 길을 개척하고, 끊임없는 수련으로 나만의 색깔을 유지한다는 것. 지난해서 더 숭고하고 아름다운 일이다.

Theme 05

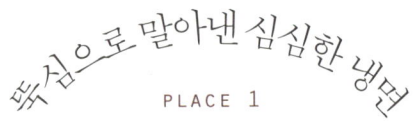

PLACE 1

무삼면옥

나는 냉면을 사랑한다. 매일 보고 싶은 '차가운 얼굴'이다. 일편단심으로 섬긴다. 거짓말 조금 보태 하루가 멀다고 냉면집을 들락거린다. 계절도 가리지 않는다. 이승에서 마지막으로 단 한 끼만 허락된다면 주저 없이 냉면을 고를 것이다. 메밀 냉면을 가장 좋아하지만 그렇다고 전분 냉면을 마다하지 않는다. 김치말이냉면, 칡냉면, 중국냉면도 잘 먹는다.

    본론으로 들어가자. 지금껏 수도 없이 다녀본 냉면집 중에 가장 큰 충격을 받은 곳은 서울 마포구 공덕동의 무삼면옥이다. 견문이 부족하긴 해도 우리나라에서 제일 심심한 냉면을 선보이는 식당일 것이다. 양지와 사태에 버섯, 솔나무, 헛개나무, 오가피, 채소 등을 넣고 육수를 뽑는데 익숙하지 않은 사람에게는 맹물처럼 느껴질 것이다. 상호인 '무삼'은 MSG, 색소, 설탕의 세 가지를 넣지 않는다는 뜻을 담고 있다. 메밀 면도 싱겁기 짝이 없다. 메밀 함량에 따라 100%와 50%의 두 가지로 내는데 50% 냉면의 배합 비율은 메밀 50, 밀가루 40, 전분 10이다. 솔직히 말하자면 무삼면옥의 냉면은 컬트영화에 가깝다. 보편적인 맛이 아니라 소수의 취향에나 호소할 만한 맛이다. 희미하고 어렴풋해서 입안에 걸리는 것이 없다. 사실 맛도 인상적이지만, 서울 한복판에서 자신의 소신을 굽히지 않고 극단적으로 밍밍한 맛을 밀어붙이는 주인장의 뚝심이 실로 놀랍다.

특색 있는 강황완자만두와 매운호박만두도 유명 냉면집의 만두와는 결이 다르다. 주중 영업시간은 오전 11시 30분부터 저녁 8시 30분까지며, 토요일과 공휴일은 오후 2시, 일요일은 휴무다. 겨울철에는 양지곰탕과 차돌곰탕이 메뉴판에 추가된다.

Info
---

address 서울특별시 마포구 마포대로12길 50
menu 100% 메밀냉면(물/비빔) 大 1만 5000원·보통 1만 1000원·小 8000원, 50% 메밀냉면(물/비빔) 大 1만 3000원·보통 9000원·小 6000원, 강황완자만두 5000원, 매운호박만두 1만 원, 돼지수육 반(150g) 1만 원, 돼지수육(300g) 2만 원, 수육(한우 200g) 2만 5000원

노부부의 치킨

PLACE 2

중동구판장

나는 두주불사하는 술꾼이지만 치맥을 즐기지는 않는다. 우리나라 맥주에 대한 편견이 슬쩍 묻어 있을 뿐만 아니라 너무 빨리 찾아오는 포만감이 얄미워서다. 마음에 쏙 드는 치킨을 발견하기 어렵다는 이유도 한몫 차지한다. 하지만 중동구판장의 치킨이라면 언제든지 먹고 마실 용의가 있다. 구례군 산동면의 중동구판장은 이름에서 눈치를 챘겠지만 소소한 먹을거리나 생활용품 등을 파는 구멍가게다. 전주의 가맥집(가게 맥줏집)에서 맥주와 황태구이를 팔고, 완주의 백여상회가 김치찌개와 청국장을 다룬다면 중동구판장의 노부부는 불멸의 치킨을 내놓는다. 사실 이 집의 치킨을 손에 넣는 일이 쉽지만은 않다. 두 분이 집

안 일, 밭일 등으로 종종 자리를 비우는데다 치킨을 주문하면 그제야 산 닭을 잡아 튀기기 때문이다. 그래서 미리 전화로 문을 열었는지 확인하고 주문을 넣는 사람들이 많다.

내가 처음 방문했던 날, 주인 할아버지가 부근의 살림집에 가서 살아 있는 닭의 목덜미를 틀어쥐고 가게로 돌아오던 모습을 지금도 잊을 수가 없다. 꽤 큰 박스에 담긴 닭튀김은 양도 푸짐할 뿐만 아니라 고깃결이 치밀하고 단단하다. 가슴살조차 퍽퍽한 감이 전혀 없다. '바삭하다'는 형용사로는 제대로 형용할 수 없는 튀김옷 또한 다른 통닭집과의 비교를 불허한다. 닭 한 마리를 살뜰하게 튀겨주기 때문에 닭발, 닭똥집도 빠짐없이 들어 있다. 지금까지 먹어본 치킨 중 단연 몇 손가락 안에 꼽을 만하다. 평온한 일상을 유지하는 주인 내외의 맑은 얼굴도 길래 기억에 남는다. 중동구판장의 치킨 맛이 각별한 것은 아마도 두 어르신의 무구한 마음이 스며들어 있기 때문이 아닐까.

address 전라남도 구례군 산동면 상관1길 19 tel 061-783-1333
menu 치킨 1만 5000원

물질하는 남자

PLACE 3

신비섬

천혜의 자연환경을 간직한 울릉도의 신비섬은 해계탕이라는 음식을 낸다. 간단히 정리하면 해산물과 닭의 만남이다. 기본 재료는 주인장이 매일 오전 바다에 들어가서 따온 해산물이다. 식당 앞이 무궁무진한 식재료의 보고인 셈이다. 대왕문어를 비롯해 자연산 석화, 홍합, 뿔소라, 전복 등이 해남(海男)을 따라 뭍으로 올라온다. 웬만한 건 손바닥만 한데 크기도 두 배, 맛도 두 배다. 압력솥에 투실투실한 울릉도 토종닭을 먼저 깔고 '오늘의 수확'을 듬뿍 올린 뒤 활기 넘치는 문어를 척 없다. 일체의 조미료 없이 물만 넣고 두 시간을 삶는다. 온전히 싱싱한 재료의 맛이다. 다 익으면 건져내 탑처럼 쌓는다. 위에서부터 먹지 않으면 공든 탑이 무너진다. 제일 아래에 있는 토종닭까지 어느 정도 뱃속에 담으면 재료 삶은 물에 남은 해산물이나 닭고기를 투입하고 탕으로 끓여낸다. 폭풍 젓가락질에 남은 것이 없으면 죽을 만든다. 해계탕은 20만 원이다. 추렴을 거두어 먹어야 한다. 성인 너덧 명이 먹기에 충분한 양이다. 물질을 끝낸 사내가 파도의 포말을 뚫고 나와 연신 가쁜 숨을 뱉어내는 모습을 한 번이라도 목격하게 되면 가격에 대한 저항감은 쏙 들어갈 것이다.

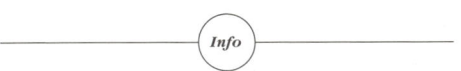

address 경상북도 울릉군 울릉읍 울릉순환로 592 **tel** 054-791-4460
menu 해계탕 20만 원, 모둠회 大 12만 원·中 10만 원·小 8만 원, 물회 1만 5000원, 전복물회 2만 원, 문어두루치기 5만 원

돼지갈비의 종착역
PLACE 4

부암갈비

짜장면이냐 짬뽕이냐 만큼의 '실존적 고민'은 아니지만, 돼지고기와 소고기도 늘 선택의 고민을 안겨주는 대상이다. 살살 녹는 소고기와 고소한 돼지고기 사이에서 오락가락하기 일쑤다. 하나 마나 한 말이지만 둘 다 맛있다. 그래도 지금 당장, 딱 한 가지만 고르라면 내 선택은 돼지고기다. 상대적으로 가격이 헐한데다 먹으면 먹을수록 다양한 풍미가 느껴지기 때문이다.

인천 간석동의 부암갈비는 이미 대중매체에 여러 번 노출되면서 수많은 지지자와 열광적인 반응을 이끌어낸 갈빗집이다. 개인적으로도 '생돼지갈비의 종착역'이란 생각이 들 만큼 훌륭하다. 메뉴는

세 가지다. 생갈비와 돼지갈비, 젓갈볶음밥. 갈비를 논하기 이전에 갓김치, 고추장아찌, 갈치속젓, 부추무침, 상추와 깻잎 등으로 구성된 반찬부터가 강한 인상을 남긴다. 특히 2년 묵은 갓김치와 고릿한 젓갈이 입맛을 확 돋운다. 갈빗대를 온전히 품고 있는 생갈비는 선도와 비계 함유량 모두 좋아 보인다. 기름 잘 먹은 불판에서 굵은 천일염을 뿌려가며 굽는데, 화력(번개탄+숯불)이 좋아 금방 익는다. 밑으로 떨어진 돼지기름 때문에 가끔 불꽃이 불판 위로 용솟음치면서 고기에 불맛을 입혀준다. 생갈비인데도 마치 양념한 것처럼 달고 깨고소하다. 육즙도 잘 배어 나온다. 불판 가장자리에 부어 돼지기름으로 익히는 달걀말이도 별미다. 고추가 들어 있어 살짝 칼칼하다. 부추와 버섯이 들어간 된장찌개도 제법 깊은 맛이 난다. 젓갈볶음밥은 생각보다 짜지 않고 적당히 비릿해서 부른 배를 움켜쥐면서도 끝까지 먹게 된다.

Info

address 인천광역시 남동구 용천로 149 **tel** 032-425-5538
menu 생갈비 1만 5000원, 돼지갈비 1만 5000원, 젓갈볶음밥 3000원

반백 년 동안 튀겼다
PLACE 5

김설문일식

50여 년간 튀김에 천착해온 '튀김의 장인'이 운영하는 일식집이다. 가장 돋보이는 지점은 튀김 코스 요리다. 여러 가지 튀김이 한꺼번에 쏟아지지 않고, 손님이 먹는 속도에 맞춰 단계별로 제공되기 때문에 눅눅해진 튀김을 마주할 일이 없다.

튀김 A 코스를 주문하면 우선 호박죽과 광어회가 나온다. 튀김이 메인이라지만 광어회의 질감도 상당하다. 이어서 새우, 흰 살 생선, 오징어, 깻잎, 관자, 은행, 마, 장어, 열빙어(시샤모), 전복, 고구마, 단호박, 멍게, 인삼 등 다채로운 튀김이 세 번에 나눠 테이블에 오른다. 개인적으로는 멍게 향을 함초롬하게 머금고 있는 멍게튀김이 실로 놀라웠다.

    김설문일식의 튀김옷은 아주아주 가볍게 묻어 있다. 자신을 부각시키기 위해 안달하는 것이 아니라 담담한 마음으로 내용물을 받쳐주는 역할에 만족한다. 튀김도 결국 튀김옷이 아니라 내용물이 중요하다는 평범한 진리를 새삼 일깨워준다. 튀김을 다 먹어치우면 알밥과 서더리탕이 주어진다. 좀 단 편이다. 튀김에 비하면 확실히 감동이 떨어진다. 후식은 아이스크림튀김. 먹으면서도 신기하다. 튀김 A 코스와 모둠튀김의 차이는 광어회의 유무에 있다.

Info

address 서울특별시 중구 남대문로1길 26-10 **tel** 02-774-3631
menu 튀김 A 코스 3만 5000원, 모둠튀김 3만 원

PLACE 6

41번 포차

지금은 위세가 많이 꺾였지만, 예전에는 여수 연등천 주변에 수십 개의 포장마차들이 몰려 있었다. 거개가 어슷비슷한 차림표를 갖췄는데 그중에서도 현(現) 41번 포차의 주인아주머니가 운영하는 집(당시에는 17번이었다)이 군계일학, 낭중지추로 꼽혔다. 그만큼 음식 솜씨가 빼어났던 것. 아주머니는 봉산동에 점포를 얻어 '독립한' 지금도 12시간이나 되는 영업시간 동안 쉴 새 없이 몸을 놀리며 산해진미를 손님상에 올린다. 철에 따라 병어, 덕자, 삼치, 노랑가오리 등으로 구성되는 선어회는 녹진하고 보드랍다. 특히 회를 찍어 먹는 양념장이 기가 막히다. 얕은 단맛과 가벼운 새콤함으로 수렴되는 여느 식당의 양념장과는 차원이 다르다. 조미하지 않은 구운 김에 고슬고슬한 흰쌀밥, 그리고 양념장을 살포시 묻힌 도톰한 삼치회 한 점을 올려 입속으로 가져가면 극락이 따로 없다. 씨알 굵은 바지락으로 끓여내는 탕은 듬쑥하고, 거대한 자연산 홍합인 섭은 살이 튼실하다. 서대조림, 꽃게찜, 금풍생이구이 등도 빼놓을 수 없다. 41번 포차의 또 다른 비기는 숯불에 정성껏 구운 닭발이다. 혀에 척 들러붙는 양념 닭발의 매운맛을 별로 좋아하지 않는데, 이 집 숯불닭발은 그런 느낌이 전혀 없다. 닭발 특유의 쫄깃함이 잘 살아 있는 것은 물론이고 기분 좋은 매콤함이 아주 잠깐 입안을 활보하다 순식간에 바람처럼 사라진다. 사족. 이 집을 안내한 강레오 셰프를 포함해 남자 다섯이서 거의 10시간 동안 미친 듯이 먹어댔다. 너무 배가 부른 나머지 중간에 잠깐 몽돌 해변인 무술목으로 바람을 쐬러 다녀오기도 했다. 누가 봤으면 미련하다며 혀를 찾겠지만, 우리에겐 더없이 행복한 시간이었다.

Info

address 전라남도 여수시 봉산남3길 17 **tel** 061-642-8820
menu 선어모둠 大 6만 원·中 5만 원·小 4만 원, 금풍생이구이 3만 원,
서대조림 3만 원, 숯불닭발 2만 5000원

박찬일의 멋과 맛

PLACE 7

로칸다 몽로

나는 박찬일 주방장(본인이 셰프라는 표현을 별로 좋아하지 않는다)과 '특수관계'다. 15년 전쯤 같은 잡지에 글을 기고하는 프리랜서 작가로 만나 지금껏 인연을 쌓아가고 있다. 글쟁이와 사진가로, 방송 게스트와 호스트로, 다른 무엇보다 형과 동생으로 함께한 추억이 참 많다. 나는 과분하게도 매주 토요일 오전 7시 10분부터 MBC 표준 FM을 통해 방송되는 〈노중훈의 여행의 맛〉이란 프로그램을 진행하고 있다. 네 개의 코너로 꾸며지는데, 그중 하나가 '박찬일의 맛'이다. 매번 꼼꼼한 관찰력과 해박한 지식, 특유의 입담으로 즐거운 시간을 만들어준다. 지난해에는 전국의 노포 18곳이 오롯이 담긴 『백년식당』이란 책을 함께 펴내기도 했다. 선배가 글을 쓰고, 내가 사진을 찍었다. 어쨌든 스타 셰프, 베스트셀러 작가, 최고의 칼럼니스트, 명강사 등 인간 박찬일을 수식하는 표현은 다채롭다.

　　무국적 술집을 표방하는 로칸다 몽로의 박찬일 주방장은 주방에만 갇혀 있지 않는다. 그의 예민한 촉수는 늘 주방 너머에 뻗쳐 있다. 틈틈이 산지를 찾아 제철 식재료와 지역 특산물을 살펴본다. 단순히 맛보고 들여다보기만 하는 것이 아니라 자신의 요리에 적극 활용한다. 지난봄에는 어린 한치와 기장 멸치를 이용한 계절맞이 신메뉴를 내놓기도 했다. 한치는 토마토바질소스에 살짝 볶았고, 튀긴 멸치에는 펜넬레몬소스를 곁들였다. 아울러 멸치스파게티도 선보였다. 박찬일 주방장의 스펙트럼이 한마디로 정의되지 않는 것처럼 그가 운영하는 몽로도 단칼에 설명되지 않는다. 본인이 수학한 이탈리아 요리를 기조로 하되 다양한 변주를 가하거나 자신만의 방식으로 재해석한다. 창의력을 한껏 발휘한 음식도 눈과 입을 사로잡는다. 대중적으로 가장 인기가 높은 메뉴는 박찬일식 닭튀김이다. 그저 그런 프라이드치킨이 아니다. 보기보다 공정이 복잡하다. 파프리카 파우더를 넣고 쿠스쿠스를 묻히고 라이스페이퍼로 감싸서 끓는 기름에 빠트린다. 튀김옷이 유난히 바사삭바사삭하다. 소스는 간장과 바질마요네즈 두 가지가 제공된다. 토마토소스와 함께 뭉근하게 익혀낸 곱창과 소힘줄찜은 양식당에서는 취급하지 않는 메뉴다. 달걀 40개에 생바질을 넣고 손으로 반죽하고 썰어내 만든 콰란타파스타, 이탈리아 카르파초의 변형인 몽로식 광어무침 등 거의 모든 메뉴가 호평을 받는다. 그러니 자주 들러도 지루할 틈이 없다. 주방장이 매일 선도를 체크하며 관리에 심혈을 기울이는 생맥주와 진짜배기 티라미수도 몽로를 빛나게 해주는 디테일이다. 흘러간 노래와 최신 노래가 혼재하는 몽로의 '뮤직 콜렉션'도 중독성이 강하다.

Info

address 서울특별시 마포구 잔다리로7길 18 지하 1층　**tel** 02-3144-8767
menu 몽로식 광어무침 2만 2000원, 문어샐러드 2만 8000원, 바칼라 2만 원,
박찬일식 닭튀김 2만 3000원, 곱창과 소힘줄찜 3만 2000원, 가지치즈구이 1만 6000원,
콰란타파스타 2만 5000원, 명란스파게티 1만 9000원, 티라미수 1만 2000원

멍게의 모든 것

PLACE 8

멍게가

통영은 항구도시다. 그냥 그런 항구도시가 아니라 맛있는 항구도시다. '맛있다'라는 단어에는 몇 가지 뜻이 담겨 있다. 당연히 맛있는 음식을 내는 식당들이 많다. 멀리까지 소문난 집뿐만 아니라 지역 주민들이 즐겨 찾는 숨은 맛집도 많다. 지역 특산물을 잘 살린 혹은 향토 음식을 잘 계승한 솜씨 좋은 식당이 수두룩하다. 맛있는 도시 중에는 주요한 식자재를 외지에서 공급받는 경우도 적지 않다. 하지만 통영은 그 자체가 해산물의 거대한 공급 기지이자 집산지다. 국내 굴 생산량의 약 80%를 담당하는 곳이 통영이고, 거제와 더불어 전국 멍게 생산량의 약 70%를 차지하는 곳이 통영이다. 수온이 7~10℃ 정도로 유지되고

조류가 지나치게 빠르지 않은 통영의 바다는 멍게가 자라기 좋은 환경을 갖추고 있다. 1973년 멍게 양식을 처음 시작한 지역도 통영이다. 산양읍 영운마을은 통영 봄 해산물의 주연배우인 멍게를 무더기로 생산하는 곳이다.

지난봄 마을을 두 번째로 찾았더니 마침 주민들이 멍게 선별 작업에 여념이 없었다. 갓 수확한 멍게를 바라보기만 해도 산뜻하게 배릿하고 절묘하게 쌉싸래한 특유의 맛이 연상돼 입속이 아려왔다. 멍게 마을답게 이곳 주민들은 온갖 요리에 멍게를 넣는다. 시금치를 무칠 때도, 된장국을 끓일 때도, 심지어 라면 삶을 때도 '천연 조미료' 멍게를 곁들여 맛을 북돋운다. 초고추장에 찍은 멍게를 배추속대나 곁대에 올려 함께 먹기도 한다. 입도 즐겁고 귀도 즐겁다.

항남동의 멍게가는 영운마을보다 엄청나게 더 많은 종류의 멍게 요리를 맛볼 수 있는 곳이다. 그야말로 멍게에 미친 '멍게 박사'가 운영하는 멍게 전문 식당이다. 메뉴판을 쳐다보면 입이 떡 벌어진다. 무려 60여 개의 멍게 요리가 적혀 있다. 멍게비빔밥은 두말하면 잔소리고 멍게냉면, 멍게구절판, 멍게불고기, 멍게탕수, 멍게쌀국수에 심지어 멍게피자와 멍게그라탕까지. 농담 같은 차림표지만 멍게와 지독한 사랑에 빠진 주인장은 진지하기만 하다. 멍게비빔밥, 멍게만두, 멍게잡채, 멍게구절판 등을 먹어봤는데 멍게를 대하는 식당 사장이자 주방장의 지극한 마음이 전해져서인지 나온 음식 모두를 정

말 맛있게 먹었다. 특히 비빔밥은 담음새부터가 예술적이었다. 치열한 수련을 통해 완성시켰을 이 집 멍게의 맛은 짜지 않고, 비리지 않고, 쓰지 않고, 자극적이지 않다. 오묘하고 절묘하다.

Info

address 경상남도 통영시 동충4길 25 **tel** 055-644-7774
menu 멍게비빔밥 1만 원, 멍게회 시가, 멍게비빔밥세트 1만 3000원,
멍게요리세트 2만 3000원

젊은 장인의 일편단심
PLACE 9

노부

종로구 누하동 골목에 위치한 일본식 메밀국숫집 노부는 체구가 작다. 4인용 테이블 1개, 벽을 바라보는 좌석 2개, 주방 쪽을 향한 좌석 3개가 전부다. 덩치가 우람한 사내 몇 명만 들어가도 공기가 답답해진다. 노부는 모녀의 공간이다. 딸이 만든 음식을 어머니가 나른다. 도타운 모녀지간이다. 올해 초 노부는 전파를 탔다. SBS 〈생활의 발견〉에 나온 것이다. 제작진의 눈 밝음에 적잖이 감탄했지만, 한편으론 이 손바닥만 한 소바집이 방송 이후 밀어닥칠 인파를 감당할 수 있을까 우려스럽기도 했다. 결과적으로는 쓸데없는 오지랖이자 괜한 걱정이었다. 아무리 손님이 많아도 최대 60인분의 메밀국수만 준비했다. 음식의 처음과 끝을 홀로 주관하고 가게가 워낙 협소하다 보니 그 이상은 물리적으로도 무리였겠지만 눈앞의 이윤을 흘려보낸다는 게 말처럼 쉬운 것이 아니다. '웃픈' 현실도 있다. 방송을 보고 몰려든 사람들 중 일부가 '쯔유가 왜 이렇게 짜요?, 양이 왜 이렇게 적어요?, 가격이 너무 비싼 거 아닌가요?' 하는 불평을 쏟아냈다. 한국화되지 않은 소바집에 대한 오해와 '국수 한 그릇'에 대한 편견이 불러온 결과였다. 노부의 젊은 주인은 매일 아침 맷돌로 메밀쌀을 갈아 그날 판매할 분량의 반죽을 만든다. 반죽을 밀어 메밀 전용 칼로 써는 등 세심한 정성을 기울인다. 그는 메뉴판에 인상적인 글귀를 적어놓았다. '메밀은 계절이나 날씨, 습도에 따라 반죽할 때 물의 양이 달라집니다. 따라서 일정한 면을 만들기란 매우 어렵지만 항상 한결같은 면을 만들기 위해 노력하고 또 노력하겠습니다.' 그리고 한자 참을 인(忍)으로 끝을 맺는다. 나는 인장과도 같은 그 '참을 인' 자 뒤에 숨은 젊은 장인의 결기와 성근함을 직감했다. 노부는 메밀과 밀가루의 비율이 8:2인 니하치 소바를 낸다. 수제 면은 가늘고 탄력이 있으며 부드럽다. 기본 냉소바는 쯔유에 찍어 먹는데, '찍는다'에 방점이

찍힌다. 간장이 짜고 진하기 때문에 상대적으로 연한 장국을 내어주는 우리나라 메밀 식당에서처럼 면을 푹 담그면 안 된다. 두 가지는 장르가 확연히 다르다. 이밖에 돼지뼈를 우린 국물과 청주에 삶은 돼지고기가 준비되는 육소바, 특유의 끈끈함이 살아 있는 마소바, 일본식 청국장인 낫토와 달걀노른자에 면을 비벼 먹는 낫토소바, 쌀쌀한 날 먹으면 몸이 사르르 풀리는 달걀 덮은 소바 등의 메뉴를 갖추고 있다. 한국 메밀국수가 아니라 일본 소바를 맛보고 싶다면 어떤 메뉴를 선택해도 후회하지 않을 것이다.

address 서울특별시 종로구 필운대로2길 23 **tel** 02-3210-4107 **menu** 소바(냉) 9000원, 소바(온) 1만 원, 육소바(냉) 1만 2000원, 육소바(온) 1만 3000원, 마소바(냉) 1만 4000원, 마소바(온) 1만 5000원, 낫토소바 1만 3000원, 달걀 덮은 소바 1만 1000원

효자의 나물

PLACE 10

복수청정한우

복수청정한우에는 구미가 당기는 구석이 많다. 첫째, 식당에 들어서면 커다란 술병들이 시선을 강탈한다. 식당 주인장이 전국의 산을 누비며 직접 캔 약초로 담갔다. 둘째, '주인이 알아서'라는 메뉴가 있다. 글자 그대로 그날 확보된 한우 중 가장 좋은 부위를 주인이 알아서 내온다. 셋째, 고깃집 반찬은 맛이 없다는 고착관념과 고깃집은 고기만 맛있으면 그만이라는 안일한 생각을 일시에 박멸해순다. 세 번째 항목을 자세하게 기술해보자. 자리에 앉아 고기를 주문하니 산미나리, 논미나

리, 가시오가피, 두릅, 머위, 고추나물, 취나물, 고춧잎 등 향도 예쁘고 빛깔도 예쁜 나물들이 착착 상에 올랐다. 나물마다 다른 양념을 썼는데, 고유한 향취를 가리지 않도록 살짝만 보탰다. 천일염만 고집하고, 화학조미료는 일절 사용하지 않는단다. 나는 고기 먹는 내내 상추는 거들떠보지도 않았다. 집된장으로 끓여낸 찌개에서는 조금의 텁텁함도 찾아볼 수 없었다. 된장찌개가 나물처럼 산뜻했다. 귀한 나물이 담뿍 들어간 산들비빔밥에서는 한줄기 산들바람이 일었다.

복수청정한우의 사장님은 효자다. 암에 걸린 어머니의 병구완을 위해 온 나라의 산야를 헤집고 다니며 약초와 산나물을 캤다. 살아 계시는 동안 확실히 효험을 봤다고 한다. 그리고 좋은 것들을 널리 나누기 위해 식당을 차리게 됐다. 다음에는 이 집의 '원투 펀치' 중 하나라는 능이버섯전골을 먹으러 가야겠다. 가게 앞에는 수령 600년의 둥구나무가 수호신처럼 서 있다.

Info

address 충청남도 금산군 복수면 참물내기길 20 **tel** 041-751-2403
menu 주인이 알아서 3만 3000원. 한우 등심 2만 9000원. 한우 특선 2만 9000원.
능이버섯전골 5만 원. 산들비빔밥 7000원

Theme
06

술 한 잔
한 잔 기 는
당 날

나에겐 술이 당기는 날이 자주 있지는 않다. 보통은 술을 마시고 싶다는 생각이 들기 전 이미 술잔이 손에 쥐어져 있다. 그런데 곰곰이 생각해보면 내가 정말 술 자체를 좋아하는 것일까 의문이 들기도 한다. 빈속에 깡술을 마시는 일은 절대 없으며, 집이나 작업실에서 술을 독대하는 경우도 극히 드물다. 원고를 쓰거나 사진 후반 작업을 하면서도 그 흔한 캔맥주 하나 따지 않는다. 좋은 사람, 즐거운 대화, 맛있는 음식이 술보다 훨씬 중요하다. 물론 네 가지가 함께 어우러지면 더 바랄 나위가 없겠지만.

《
Theme 06

문어에 무너지다

PLACE 1

문화포차

손님들이 가장 많이 찾는 메뉴인 문어(숙회)의 가격은 1인당 2만 원이다. 4명이면 8만 원이니 부담을 느낄 법도 하다(술값까지 더해지면 한층 더). 하지만 문어에 앞서 눈앞에 펼쳐지는 음식들(물론 때에 따라 변화가 있다)을 보면 그런 생각은 뒷걸음질로 달아난다.

갈치속젓과의 궁합이 기막힌 노릇노릇하고 달보드레한 배추속대, 맺힌 데가 없는 가지찜, 향긋한 더덕무침, 직접 쑤어 더욱 윤이 나고 찰랑찰랑한 올방개묵, 때깔 고운 매생이전, 명불허전 전복찜, 갯벌에서 자라 짭조름한 함초무침, 옹골차게 여문 꼬막찜, 머리를 곱게 딴 쪽파강회, 씹을 때 탁탁 터지는 칠게튀김, 아삭거리는 머위나물, 뒷맛이 쌉싸래한 민들레겉절이까지 면면이 화려하다. 단순히 머릿수만 채운 것이 아니라 한 땀 한 땀 정성 들여 지은 요리들이다. 오후 4시 이후 문을 여는데도 불구하고 식당 이모들이 오전 10시면 주방에 출근하는 이유가 여기 있다.

이윽고 데친 문어가 범접할 수 없는 아우라를 뿜내며 마운드에 오른다. 사후에도 싱둥싱둥해 보이는 자태. 가위와 집게를 든 이모는 감사의 마음을 전할 겨를도 주지 않은 채 장인의 솜씨로 문어 다리를 자른다. 치아를 일방적으로 튕겨내지도, 그렇다고 속절없이 주저앉지도 않는 문어의 탄력이란! 그저 문어 삶은 솜씨가 경탄스러울 뿐이다. 먼저 나온 민들레겉절이와 짝을 지어 먹어도 그만이다. 문어 대가리와 문어 삶은 물은 별도로 가져다준다. 단점도 있다. 실내에 드럼통

테이블이 겨우 4개뿐이라 자리 확보가 쉽지 않다. 문어 이외에 너무 많은 접시들이 등장하는 탓에 2명이 가면 괜히 눈치가 보인다. 이모들이 스톱워치를 켜놓고 시간을 재는 건 아니지만 목을 길게 빼고 차례를 기다리는 사람들이 부담스러워 죽치고 있기도 어렵다.

Info

address 서울특별시 영등포구 당산로32길 12 **tel** 02-2675-0485
menu 산문어 2만 원, 백합찜 3만 원, 참소라 3만 원, 홍해삼 3만 원, 멍게 3만 원

돼지고기 형제

PLACE 2

효자동목고기

효자동목고기는 더 이상 효자동에 없다. 얼마 전 효자동 시대를 마감하고 관수동으로 이전했다. 효자동목고기는 형제 고깃집이다. 두 형제가 한 공간에 머무는 것은 아니고 형은 종로구 관수동에서, 아우는 강남구 삼성동에서 고기를 굽는다. 상호는 동일하다.

     목고기의 '기둥 투수'는 목고기다. 제주에서 공수해오는 돼지고기 목살이다. 큼지막하고 두껍게 정형한 고기는 레몬 소금, 쌈장, 양파 간장 중 어느 것에 찍어 먹어도 우아하지만 어떠한 도움을 받지 않아도 맛이 월등하다. 고기 자체가 슈퍼스타급이다. 물론 주인장과 직원들의 굽는 솜씨 또한 능란하다. 상대적으로 조명을 덜 받아서 그렇지 가브리살과 오겹살(강남점은 오겹살을 취급하지 않는다) 역시 꿀리지 않는다. 조연들, 그러니까 파무침과 묵은지의 퍼포먼스도 훌륭하다. 특히 충북 괴산의 폐탄광에서 1년간 묵혔다는 시큼시큼한 김치는 고깃집 밑반찬 수준을 한참 뛰어넘는다. 김치가 맛있으니 김치찌개가 맛있는 건 당연지사. 아, 돌솥 뚜껑을 덮어서 굽는 돼지 껍데기를 건너뛸 뻔했다. 양념의 외피를 입지 않은, 고소함으로 충만한 껍데기다. 잘근잘근! 한라산 소주에 소량의 더치커피를 혼합한 주인장표 더치소주는 잔잔한 재미를 안겨준다. 잘 구운 고기 한 점과 소주 한 잔. 유사 이래 이토록 아름다운 조합은 없었다.

Info

address **본점** 서울특별시 종로구 삼일대로20길 19 서광빌딩 tel 02-737-7989
menu 목고기 1만 6000원, 오겹살 1만 6000원, 가브리살 1만 6000원, 껍데기 6000원, 묵은지 김치찌개 大 2만 원·小 9000원, 멸치국수 4000원
address **강남점** 서울특별시 강남구 선릉로 660 브라운스톤 레전드 tel 02-543-7989

할머니의 부침개

PLACE 3

원조녹두

70대 노부부가 운영하는 오래된 전집이다. 그런데 얼마 전부터 할아버지가 보이지 않는다. 편찮으시다는 전언. 흰색 러닝셔츠에 중절모를 쓰고 전을 부치던 할아버지의 뒷모습이 지금도 눈에 선하다. 입장하기 전, 붉은색 두 글자와 녹색 두 글자가 우애 좋게 앉아 있는 간판부터가 마음을 간질인다.

전의 종류는 다양하다. 대량으로 미리 부쳐놓고 다시 데워주는 것이 아니라 주문과 함께 코딱지만 한 오픈 주방에서 부침개를 만

들기 시작한다. 원조녹두의 고추전은 일반 전집의 그것과는 전혀 다르다. 밀가루 반죽을 얇게 펴 쪽파를 올린 다음, 청양고추와 돼지고기 등을 아낌없이 투입한다. 마지막으로 달걀을 넉넉하게 풀어 지져낸다. 동그랑땡도 크기가 어마어마하다. 마치 고기전을 보는 것 같다. 다진 소고기와 달걀, 약간의 녹말이 들어간다. 고기녹두는 김치와 얇게 저민 고기를 역시 푸짐하게 넣어준다. 맛도, 인정도, 분위기도, 전의 크기도 모두 모두 '따봉!' 굳이 흠결을 들추자면 간이 좀 짠 편이다. 오늘도 홀로 철판의 열기를 받아내는 할머니의 구부정한 모습이 어딘가 애처롭다.

Info

address 서울특별시 중구 을지로11길 26-2 tel 02-2277-0241
menu 고추전 1만 원, 동그랑땡 1만 원, 고기녹두 8000원, 해물파전 9000원

예전 그 다찌는 아니지만
PLACE 4

물보라다찌

통영에 오면 적어도 한 번쯤은 다찌에 가봐야 한다. 통영의 바다가 베푸는 해산물의 향연을 한 상 위에서 만끽할 수 있다.

다찌는 술을 시키면 안주가 딸려 나오는 통영식 술집을 말한다. 술을 추가 주문할 때마다 새로운 음식을 가져다준다. 마산의 통술집, 진주의 실비집, 전주의 막걸릿집과 같은 원리다. 다찌의 어원을 두고 어떤 사람들은 '다 있지'의 줄임말이라며 농을 던지고, 또 어떤 사람들은 일본식 선술집 '다찌노미'에서 왔다고 주장하는데 정확히 밝혀진 것은 없다. 사실 요즘 다찌와 예전 다찌는 차이가 있다. 원래 다찌집에는 기본상(보통 2인 기준 6만 원)이란 개념이 없었다. 다찌가 유명해지면서 사람들이 술은 별로 마시지 않고 '안주발'을 너무 세우다보니 나름의 안전장

치를 마련한 것이다.

　　몇 달 전, 그동안 주로 다니던 항남동의 대추나무가 아니라 같은 동네의 물보라다찌를 처음 찾았다. 주말도 아닌 주중, 게다가 추적추적 비가 내리는 궂은 날씨에도 불구하고 tvN 〈수요미식회〉에 소개된 영향 때문인지 손님이 적지 않았다. 두 사람을 위한 상에 깔리는 음식 종류가 스무 가지에 달했다. 꼬막찜, 톳김치, 국물이 자작한 아귀수육, 문어숙회, 매콤한 양념을 끼얹은 해삼, 달달한 양념 옷을 입은 장어조림, 알싸한 멍게비빔밥, 씨알 굵은 굴무침, 고춧가루 뿌린 가자미구이, 가리비, 촛대고둥, 개불, 전복, 미더덕 등등. 병당 1만 원인 소주를 두 병 추가하니 가오리 내장, 갓김치를 곁들인 가오리회, 볼락구이, 데친 오징어, 털게, 성게 등이 가세했다. 뜻밖에 고춧가루나 고추장을 사용한 음식이 많았는데, 전반적으로 간이 강하지 않아 입안이 타분하거나 금방 물리지 않았다. 다음날 있을 취재와 촬영을 위해 적당히 마시자는 다짐과 각오는 여지없이 무너졌다.

address 경상남도 통영시 동충4길 48　**tel** 055-646-4884　**menu** 기본(2인 기준, 소주 3병 또는 맥주 5병) 6만 원. 추가 시 소주 1병 1만 원, 맥주 1병 6000원

결핍의 시대를 채워준 온기
PLACE 5

마라톤집

1959년 장사를 시작했다. 60년 가까운 역동의 세월 동안 따끈한 청주 한잔과 진한 어묵 국물, 그리고 소박한 부침개로 수많은 부산 시민들의 지친 어깨를 다독여준 집이다.

　차림표에 올라 있는 몇몇 음식들의 이름이 유별나다. 먼저 마라톤은 굴, 홍합, 모시조개 등의 해산물과 여러 가지 채소에 달걀을 풀어 철판에서 익힌 부침개다. 딱히 요리 이름도 없던 시절, 줄을 서서 기다리던 누군가가 음식을 먹고 있는 사람들에게 "마라톤 합시다."라고 외친 것이 시초다. 손기정 선생이 영웅이었던 당시 마라톤은 '빠름' 이자 '격려'의 의미였다고 한다. 해물채소볶음에는 재건이라는 명패가 붙었다. 1961년 들어선 군사정권에 의해 전개된 '재건 운동'이 음식에까지 투영된 것이다. 마라톤집의 3대 메뉴는 마라톤과 재건, 그리고 어묵이다. 닭 육수를 기본으로 하는 어묵 국물은 다른 곳에 비해 심심(深深)하다. 깊은 맛이 난다는 얘기다. '어제 남은 국물'에 새로운 육수를 보탠다. 소힘줄, 무, 미나리, 두부 등이 풍성하게 들어 있어 건져 먹는 재미도 쏠쏠하다. 내 아버지가 살아 계신다면 가장 먼저 모시고 와서 맑은술 한잔 나누고 싶은 집이다.

Info

address 부산광역시 부산진구 가야대로784번길 54 tel 051-806-5914
menu 마라톤 1만 3000원, 재건 1만 3000원, 어묵 1만 5000원

골라 마시는 즐거움

PLACE 6

기분

수십 종의 일본 술을 낱잔으로 마실 수 있는 매력 만점의 이자카야다. 개성이 각기 다른 술을 한자리에서 폭넓게 맛보고 싶은 사람, 한 병을 다 비울 만큼 술이 세지 않은 사람, 술 한잔 시켜놓고 수런수런 이야기꽃을 피우고 싶은 사람 모두 좋아할 만하다. 가게 한쪽 벽면에 2열 횡대로 정렬한 디스펜서들은 호주가(好酒家)라면 반하지 않을 수 없는 '그림'이다. 술에 대한 경험이나 지식이 부족해도 무방하다. 주인 내외에게 물어보면 된다. 일본에서 '사케 소믈리에' 자격증을 취득했을 정도로 조예가 깊고 열정이 대단한 그들이다. 이따금 사케 클래스도 여는 눈치다. 음식도 술 못지않게 다양하다. 고민이 된다면 칠판에 적혀 있는 오늘의 추천 메뉴가 해답이다. 노글노글한 양갈비구이, 떡처럼 끈기가 있는 볼락구이, 마치 방망이로 두드린 것처럼 보들보들한 해삼, '겉바속촉'의 정석 멘치크로켓, 오이를 터프하게 잘라 간장소스를 뿌린 오이홀릭 등이 몇 차례의 방문을 통해 직접 겪어본 준수한 요리들이다. 한눈에 살필 수 있는 규모, 낮은 조도가 만들어주는 아늑한 분위기, 새벽 3시까지인 영업시간 등도 하뭇하기만 하다.

Info

address 서울특별시 서초구 사평대로57길 72 **tel** 070-4383-5659
menu 볼락구이 1만 8000원, 말캉해삼 1만 5000원, 닭연골튀김 1만 2000원, 오이홀릭 5000원

입속의 폭죽놀이

PLACE 7

조개생선구이전문점

여행을 밥벌이의 수단으로 삼고 있는 사람에게 겨울은 참으로 힘든 계절이다. 추워서다. 칼바람을 맞으며 장시간 야외에서 촬영할 때면 카메라를 집어던지고 싶을 때가 한두 번이 아니다(물론 한여름의 된더위도 고통스럽기는 매한가지다). 해가 일찍 떨어지기 때문에 시간 배분도 잘해야 한다. 그래도 겨울이 기다려지는 건 제철 해산물이 눈앞에서 아른거리는 탓이다. 도루묵은 차가운 물을 좋아한다. 여름에는 깊은 바다에 살다가 겨울철 산란기가 되면 연안으로 몰려든다.

동해시 묵호항 근처에 가면 도루묵을 비롯한 제철 생선을 정성껏 구워주는 집이 있다. 별다른 치장을 하지 않은 간판에는 고유명사가 아니라 보통명사의 조합인 '조개생선구이전문점'이라고 쓰여 있다. 1인당 1만 원인 모둠생선구이정식을 주문하니 연탄불에 구운 6가지 생선(당연히 철마다 생선 구성이 다르다. 나는 겨울철에만 두 번 갔다)이 나왔다. 철판에 가지런히 누운 도루묵, 청어, 삼치, 고등어, 꽁치, 양미리의 맵시가 제각각이었다. 은근하게 그을린 생선들은 전반적으로 간이 세지 않아 젓가락질을 쉬이 멈출 수 없었다. '삼삼하다'라는 형용사가 더없이 잘 어울렸다. 백미는 역시 도루묵구이. 갓 잡은 생물 도루묵은 냉동에 비해 살이 훨씬 부드럽고 알에서 묻어나는 점액질도 많다. 후루룩 감기듯 넘어가는 촉감이 다른 생선과는 비교할 수 없다. 겨울철 산란기의 도루묵은 몸의 절반가량을 알이 차지한다. 구워서 한입 베어 물면 미끌미끌한 알들이 연이어 터지며 입안에서 폭죽놀이가 벌어진다. 함께 나온 공깃밥과 낙지젓은 도루묵과 더불어 완벽한 맛의 삼위일체를 형성한다.

Info

address 강원도 동해시 일출로 91 tel 033-533-9289 menu 모둠생선구이정식 1만 원

직접 말아주는 소맥

PLACE 8

락희옥

창업 3년 차에 불과한 식당 겸 한식 주점. 짧은 시간 안에 인기몰이에 성공했다. 물과 뭍을 넘나드는 다채로운 메뉴, 산지에서 직송된 신선한 식재료, 외부 반입 와인에 대한 서비스 비용 무료 등이 비결로 꼽힌다. 매장은 두 군데. 하나는 지상(용강동), 다른 하나는 지하(을지로2가)에 있다. 여기서 소개할 집은 후자. 지하철 을지로입구역과 을지로3가역 사이 지하상가에 위치한다. 몇 개 없는 테이블이 다닥다닥 붙어 있는 소담한 공간에서 식사 및 음주를 즐기다보면 덜컹덜컹 지하철 오고가는 소리가 아련하게 귓전을 파고든다. 자체 수분으로 찐 국내산 오겹살에 세 가지 김치를 앙구어 내놓는 보쌈, 한우 등심에 달걀옷을

씩워 부친 노릇한 육전, 한우 우둔살을 국산 천일염과 참기름으로 무쳐 살강거리는 육회, 함께 나오는 향채가 든든하게 뒤를 받쳐주는 차돌박이구이 등이 육지를 대표하는 맛이라면 미나리와 짝패를 이뤄 등장하는 문어숙회, 소프트아이스크림 같은 성게알(정확히는 알이 아니라 생식소), tvN 〈삼시세끼〉를 통해 '전국구 스타'로 거듭난 거북손 등이 바다에서 길어 올린 맛이다.

가격이 도전적이고 양이 적은 점은 살짝 아쉽다. 제육정식, 된장찌개, 김치말이국수, 육개장, 멍게비빔밥 등의 식사 메뉴도 갖추고 있다. 다양한 종류의 와인과 맥주를 구비한 락희옥의 '결정적 한 방'은 직접 '말아주는' 소맥이다. 수없는 도전과 실패 끝에 소주와 맥주의 황금비율을 찾아냈단다. 을지로점에서는 일본 생맥주 코에도에 참이슬을 섞고, 용강동점에서는 국산 생맥주 맥스에 일품 진로를 배합한다. 섣불리 마시지 말 것! 한 모금 넘기는 순간, '악마의 유혹'을 이겨낼 도리가 없다.

Info
---

address 서울특별시 중구 을지로 88 을지로2구역 지하쇼핑 **tel** 02-772-9797
menu 보쌈 3만 원, 육전 3만 5000원, 육회 2만 5000원, 차돌박이구이 3만 원, 문어숙회 4만 원, 성게알 3만 원, 만재도 거북손 3만 5000원, 소맥 3000원

PLACE 9

통일집

서울 지하철 을지로3가역 부근의 골목들은 어지럽다. 영세한 점포들이 다닥다닥 붙어 있다. 흡사 난전 같다. 삶의 짠내가 훅 끼쳐 오는 그 골목들에 내가 좋아하는 식당들이 알알이 박혀 있다. 거의 대부분 낡고 헐어서 보잘것없어 보인다. 그 골목에 어울리는 그 식당이다.

　　통일집의 간판과 식당 내부는 정말이지 헙수룩함의 극치를 이룬다. 여름에는 가게 입구에 테이블이 차려지는데, 누추한 골목과 세월에 바랜 간판을 배경으로 술 마시는 모습은 홍상수 영화의 한 장면을 연상시킨다. 한우 등심을 주문하면 고추장에 쓱쓱 버무린 상추파무침과 새콤달콤한 무채가 먼저 얼굴을 내민다. 접시에 담긴 고기는 누군가의 표현대로 눈부신 핏빛이다. 전반적인 고기의 질은 별로 나무랄 데가 없다. 이미 간이 되어 있기 때문에 소금의 협찬은 받지 않아도 된다. 등심 이외의 메뉴로는 콩나물, 두부, 호박, 고기, 양파 등이 알차게 들어간 된장찌개가 있다. 국물의 농도가 짙기 때문에 밥을 말아 뭉근하게 끓여 먹으면 더욱 좋다. 궁극의 술안주다.

Info

address 서울특별시 중구 충무로 68-12 tel 02-2273-0824
menu 한우 등심 3만 5000원. 된장찌개 1만 원(점심 메뉴 된장찌개는 6000원)

주민들의 식당

PLACE 10

남양수산

남양수산에 가면 휴대전화를 꺼내 음식 사진 찍는 사람을 좀처럼 볼 수 없다. 재방문이 쉽지 않은 관광객이 아니라 가까이 두고 즐겨 찾는 주민들의 식당이라는 방증이다. 실제로 주인아주머니는 "25년가량 동네 주민들의 거칠고 까다로운 입맛을 맞춰 왔다."고 자부했다. 남양수산에는 메뉴판이 따로 없다. 제철 생선 위주로 상을 차리는데, 특히 고등어회와 곰장어전골이 별미로 알려져 있다. 찰기가 도는 참돔회도 뒷줄에 서지 않는다. 무채 없이 담아내 양이 넉넉하다. 6만 원이란 가격

이 헐하게 느껴진다. 혹시라도 먹다 남으면 회덮밥을 만들어준다. 매운탕은 마치 사골을 우려낸 것처럼 국물이 뽀얗고 맛이 두텁다. 토막 친 생곰장어에 버섯, 양파, 파를 올리고 적당량의 소주를 부어 익혀 먹는 곰장어전골은 다른 곳에서는 본 적 없는 요리다. 하이라이트는 역시 고등어회. 조금 전까지 수족관을 헤엄치던 활어의 윤택한 속살은 맛있게 기름지다. 김, 양념 부추와 벗하면 회의 맛이 배가된다. 남양수산은 요란하지 않다. 여느 횟집처럼 화려한 곁들이도 없다. 잊지 말자. 횟집의 본질은 횟감에 있다는 것을.

Info

---

address 제주특별자치도 서귀포시 성산읍 고성동서로56번길 11 **tel** 064-782-6618
menu 고등어회 5만 원, 참돔회 6만 원

Theme
07

혼자
라도

괜찮아

'혼밥과 혼술의 시대' 운운하지만 혼자서 식사를 해결하는 일이 쉽지 않은 사람도 많다. 개인의 성정만 탓할 것도 아니다. "몇 분이에요?"라는 물음에 "한 명이요"라고 답하면 얼굴이 살짝 굳는 식당 주인이나 종업원이 여전히 많다(물론 그들도 할 말이 많을 것이다). 눈에 콩깍지가 씐 커플들로 득시글한 카페나 레스토랑을 홀로 출입하는 건 여간 쑥스럽지가 않고, 아예 1인분 주문이 원천 봉쇄된 메뉴도 적지 않다. 혼자 밥을 먹고, 혼자 술을 마시고, 혼자 해장을 해도 아무렇지도 않은 곳. '솔로 천국, 커플 지옥'까지는 아니더라도 혼자라는 이유로 눈치 볼 필요가 없는 곳들을 소개한다.

Theme 07

3인 이상 입장 불가

PLACE 1

지구당

한 명 아니면 두 명씩만 입장이 가능하다. 세 명 이상의 일행은 발을 들여놓을 수 없다. 8세 미만의 어린이나 영유아도 문턱을 넘을 수 없다. 입구에 설치된 벨을 누르고 인원수를 말하면 안에서 문을 열어준다. 메뉴판에 이런 문구가 적힌 종이가 부착돼 있다. '다른 분들을 위해 과도한 흥분과 고성은 조금만 참아주세요.', '기대하시는 친절은 없을지 모릅니다. 그러나 따뜻한 밥이 있습니다.' 이전에는 '우리는 친절을 판매하지 않습니다', '영업 중 스태프는 손님과 개인적인 대화를 나누지 않습니다', '취재나 인터뷰 요청은 받지 않습니다' 등의 좀 더 냉랭한 문구가 가게 안팎에 붙어 있었다.

    바 형태로 되어 있는 내부에는 의자 10여 개가 놓여 있다. 모든 사람이 오픈된 주방을 바라보며 먹는 구조다. 식당 안은 '절간'이다. '과도한 흥분과 고성'이 발생할 수 있는 분위기가 절대 아니다. 너나 할 것 없이 조용히 먹는 일에만 집중한다.

　　식사 메뉴는 단 두 가지. 일본식 덮밥, 그중에서도 소고기덮밥과 닭고기덮밥만 판매한다. 한동안 볼 수 없었던 닭고기덮밥이 바로 얼마 전 컴백했다. 월·수·금요일에는 닭고기덮밥을, 화·목·토요일에는 소고기덮밥을 제공한다. 명맥이 끊긴 적이 없는 소고기덮밥을 자세하게 살펴보자. 우선 반숙 달걀과 일본 된장국이 올라온다. 초생강과 깍두기는 반찬 통에서 직접 덜어 먹으면 된다. 식당 측은 달걀을 터트린 뒤 골고루 펼쳐 고기와 밥을 함께 퍼서 먹으라고 권한다. 비비면 싱거워진다는 것이다. 고기에 밴 소스와 달걀 반숙이 고슬고슬한 밥에 스며들어 감칠맛이 난다. 술은 한 사람당 생맥주 한 잔 혹은 병맥주 한 병만 허락된다.

　　영업시간은 오전 11시 30분~오후 2시 30분, 오후 5시~오후 9시. 일요일과 공휴일 휴무. 신사동을 비롯해 여러 곳에 분점을 두고 있다.

---------- Info ----------

address 서울특별시 관악구 관악로12길 5　**tel** 02-883-9929
menu 소고기덮밥 6000원, 닭고기덮밥 7000원, 반숙 달걀 1000원,
생맥주 2000원, 기린 병맥주 4000원, 콜라 1000원

클래식 떡볶이

PLACE 2

철길떡볶이

시어머니에 이어 며느리가 운영하는 40년 전통의 분식집. 상호가 일러주듯 철길 옆에 위치한다. 실제로 기차가 덜컹거리며 지나는 길이다. 컨테이너 건물 내부는 세련되고 말쑥한 떡볶이 체인점에서는 찾아볼 수 없는 수수하고 정겨운 느낌이 물씬하다. 테라스에도 자리가 마련돼 있다. 철길떡볶이는 거의 모든 것이 셀프서비스다. 원하는 메뉴를 종이에 써서 주인아주머니께 건네야 하고, 물과 어묵 국물도 손수 가져다 먹어야 한다. 쿠폰의 도장도 직접 찍는다. 아주머니가 워낙 바쁜데다 건강도 썩 좋은 편이 아니기 때문이다. 계산은 선불. 스테인리스 쟁반에 담아주는 밀떡볶이는 탄력이 지나쳐 치아를 튕겨내는 쌀

떡볶이와는 달리 적당히 쫀쫀해서 이를 맞춤하게 감싸 안아준다. 붉디붉은 색깔 보고 놀란 가슴은 한입 먹자마자 진정된다. 매운 강도가 그다지 높지 않다. 시어머니가 운영할 때보다 맛이 순해졌다는 것이 중론이다. 매콤함보다 짠맛이 도드라진다고 하는 사람도 있다. 허파나 간 등의 부속은 없지만 뜨끈뜨끈한 순대도 잘 나가는 메뉴다. 김말이튀김, 못난이튀김, 튀김만두를 떡볶이 국물에 무쳐 먹는 맛이야 긴 설명이 필요 없을 것이다. 단무지, 시금치, 당근, 달걀이 들어간 꼬마김밥도 쉬는 시간 미친 듯이 달려가 학교 매점에서 먹던 그 '촌스런' 맛이다. 영업시간은 오전 11시부터 오후 8시까지. 토요일은 쉬고, 일요일은 문을 연다.

Info
---

address 서울특별시 서대문구 충정로 35-6 **tel** 02-364-3440
menu 떡볶이 2000원, 순대 2500원, 라면 2500원, 김밥 800원, 달걀 2개 1000원,
어묵 2개 1000원, 튀김만두 3개 1000원, 김말이튀김 2개 1000원, 못난이튀김 2개 1000원

밥도둑이 우글우글
PLACE 3

진일기사식당

기사식당이지만 기사 아닌 사람들이 훨씬 많이 찾아오는, 순천을 대표하는 식당 가운데 하나다. 역사가 30년이 넘었다. 김치찌개백반이 이 집의 유일무이한 메뉴. 그래서 음식 나오는 속도가 번개처럼 빠르다. 손잡이가 달린 편편한 프라이팬에 도톰한 비계를 단 돼지고기가 수북이 쌓여 있다. 허풍 조금 보태 고기 반, 국물 반이다. 바특하게 끓여낸 국물은 입맛이 계속 당기도록 달고 짜다. 다이어트 중이거나 태생적으로 입이 짧거나 '소식 코스프레'를 해야 하는 사람이 아니라면 진일기사식당에서 공깃밥 한 그릇만 먹고 수저를 내려놓기란 쉬운 일이 아닙니다. 정확히 말하자면 김치찌개는 차치하더라도 무려 17가지에 달하는 반찬과 국만으로 한 공기는 단숨에 먹어치운다. 찬 중에는 배추김치, 갓김치, 파김치, 오이김치, 열무김치, 총각김치, 고들빼기 등 김치 종류만 5~6개에 달한다. 여기에 나물, 장아찌, 양념게장, 달걀찜, 생선구이 등이 합류해 치열한 밥도둑 경쟁을 벌인다.

　　　　진일기사식당은 운전기사들을 위한 식당으로 출발했다. 당연히 혼자 온 객에게도 군말 없이 1인 상을 차려줬다. 지금이야 손님들(특히 등산객, 여행객 등의 단체 손님이 많다)로 북새통을 이루느라 예전 같은 접대를 기대하기 어려울지도 모르겠다. 그래도 이 부근을 지날 때 한 번쯤 들러볼 만하다.

Info

address 전남 순천시 승주읍 신성리 963　tel 061-754-5320　menu 김치찌개백반 8000원

디스이즈비어

PLACE 4

OB베어

굳이 고르라면 맥주보다 소주다. 술보다 음식에 방점을 찍는 나로서는 '다양한' 요리를 '많이' 먹으려면 뱃속이 가득 찬 느낌이 서둘러 찾아오는 맥주보다 소주가 맞춤옷이다. 그렇다고 목이 타들어 가는 여름날 차가운 생맥주의 유혹을 극복할 방도가 있는 건 아니다. 결론부터 내밀자면 내가 가장 사랑하는 맥줏집이 바로 OB베어다. 목구멍을 활짝 열어젖히고 이 집 생맥주를 들이붓는 순간, 월탄 박종화의 『임진왜란』에 나오는 한 구절인 '온 전신 혈관 속속들이 부챗살같이 쫙 퍼지는 짜르르하는 쾌한 환희를 느낀다'를 체험할 수 있다.

지하철 을지로3가역 4번 출구로 나와 왼쪽 사잇길로 한 블록 들어가면 맥주 마니아들에게는 성지와도 같은 '노가리 골목'이 펼쳐진다. 생맥주와 마른안주를 판매하는 집들이 여럿 포진하는데, 규모와 방문객 수로만 따지면 만선호프가 '골목대장' 노릇을 하지만 누적

된 시간의 총합과 풍류 그리고 맛에 있어서는 OB베어를 따라올 수가 없다. 1980년 '전설'을 시작한 구순의 아버지는 지금도 현 사장인 딸에게 전화를 걸어 맥주 냉장고의 온도를 조절한다. 온도계나 일기예보가 아니라 어르신의 몸과 경험이 최적의 온도를 결정한다. 너무나 당연해서 연원을 따져볼 필요가 없었던 고추장에 찍어 먹는 노가리 안주도 이곳에서 처음으로 선보였다. 꽤 큰 노가리를 연탄불에 노름노름 구워 꽤나 얼얼한 맛이 나는 특제 고추장과 함께 낸다. 노가리가 딱딱하다고 여기는 사람은 메뉴판에는 없지만 황태구이를 주문하면 된다. 단골들은 가스레인지에 끓인 깡통 번데기에 노가리나 황태를 푹 담가 먹는다. 지속적으로 손이 가는 집요한 맛이다.

회사원이나 자영업자에게는 미안하지만 평일 대낮에 OB베어에서 혼자 생맥주 들이켜는 재미는 그 무엇과도 바꿀 수가 없다. 만 원이면 최상급 생맥주 석 잔에 노가리 한 마리까지 먹을 수 있으니 이만한 행복이 또 어디 있을까. 당연히 저녁보다 자리 선점도 훨씬 용이하다. 이곳에는 추억의 1000cc 잔도 비치돼 있다. 특히 빨간색 마크가 있는 1000cc 잔은 햇수로 37년이나 됐다. 혹시라도 보물이 파손될까 여간해선 잘 꺼내지 않는단다. 대신 연차가 적은 잔을 내놓는다. 의외로 찾는 이가 드문 연탄불 소시지구이도 꼭 드셔보시라. 노가리 못지않은 맥주 파트너다. OB베어는 밤 11시까지 영업한다. 예전에는 일요일 휴무 원칙을 고수했지만, 요즘에는 문을 열어준다. 그저 고마울 따름이다.

address 서울특별시 중구 을지로13길 19 **tel** 02-2264-1597
menu 생맥주 3000원, 노가리 1000원, 번데기 4000원, 쥐포 2000원, 칼슘멸치 1000원, 땅콩 1000원, 소시지 2000원, 컵라면 2000원

80년간 끓고 있는 솥

PLACE 5

청진옥

80년째 영업을 이어가는 해장국집. 존재 자체로 위안을 주는 식당. 흥망성쇠가 비일비재한 요식업계에서 한결같은 면모를 유지하는 곳. 일년 내내 한시도 쉬지 않는 가게. 바로 대한민국을 대표하는 노포, 청진옥이다. 1937년 위대한 첫발을 뗐다. 일제강점기 시절 할아버지가 주춧돌을 놓았고, 물려받은 아버지가 기틀을 굳혔으며, 3대 사장인 아들이 올곧게 가업을 지켜오고 있다. 오랜 세월을 증거하듯 나이 지긋한 손님이 정말 많다. 10년 단골은 명함도 못 내민다. 가끔은 가족 3대가 모여 식사하는 푸근한 정경도 엿볼 수 있다.

청진옥은 강철 체력을 자랑한다. 1년 365일 24시간 열려 있다.

태평양전쟁과 한국전쟁 당시 어쩔 수 없이 불을 끈 경우를 제외하면 청진옥 주방에서는 항상 해장국이 끓고 있다. 하루 중 언제 먹어도 좋다. 쓰린 속을 부여잡고 이른 아침 찾은 사람에겐 더없는 속풀이 음식이고, 밥때를 맞춰 들른 사람에겐 든든한 한 끼가 되며, 시도 때도 없이 몰려오는 시장기를 면하려고 들어온 사람에겐 기꺼운 요깃거리다. 해가 지고 나서 친구 혹은 동료들과 방문한 사람에겐 믿음직한 술안주이고, 잠들지 못한 새벽녘에 입장한 사람에겐 뜨끈한 위로이기도 하다.

　　소 내장과 선지, 우거지와 콩나물 등을 자상하게 넣어준 청진옥 해장국은 고분고분하고 온순하며 개운하다. 조미료에 의탁한 것이 아니라 알찬 재료들과 성실한 마음이 빚어낸 은은하고 살랑살랑한 맛이다. 해장국 이야기를 길게 늘어놓았지만, 뚝배기가 넘칠 정도로 박력 있게 담겨 나오는 따구국은 고기 뜯는 재미가 흥건하다. 수육과 내포, 모둠전 등도 후한 평가를 받는다. 청진옥은 몇 달 전 걸어서 1분 거리에 신관을 마련했다. 또 다른 '백년'을 위한 포석이라고 한다. 건승을 기원한다.

address 서울특별시 종로구 종로 19 르메이에르종로타운1 **tel** 02-735-1690
menu 해장국 1만 원(특 1만 2000원), 안주국 1만 3000원, 따구국 2만 3000원, 내장수육 2만 8000원, 수육+내포 3만 3000원, 모둠수육 3만 5000원, 빈대떡 1만 5000원, 고추전 1만 8000원, 동그랑땡 1만 8000원, 모둠전 2만 원

허리둘레 굵은 김밥

PLACE 6

이천냥

김밥이야말로 '간편 혼밥'의 대명사다. 언제 어디서든 손쉽게 구하고 편리하게 먹을 수 있다. 종류가 다양할 뿐만 아니라 '신상' 김밥이 자주 출시되기 때문에 쉽사리 싫증나지 않는다.

지하철 5호선 서대문역 5번 출구에서 광화문 방향으로 400m 가량 걸어가면 건물과 건물 사이에 숨죽여 끼어 있는 이천냥의 간판이 눈에 들어온다. 바늘같이 좁은 공간이기 때문에 포장 판매만 가능하다. 인근 주민들과 직장인들 사이에서 제법 이름난 이천냥의 김밥은

과장을 섞자면, 어른 팔뚝만 한 굵기다. 햄, 게맛살, 우엉, 단무지, 어묵, 달걀, 당근 등의 재료가 푸지게 들어가 있어 한 줄만 먹어도 배가 부르다(물론 내 이야기는 아니다). 특히 이토록 두꺼운 김밥 속 달걀지단을 본 적이 없다. 양에만 치중하는 것은 아니다. 즉석에서 김밥을 말아주는 두 분의 아주머니가 우엉도 자체적으로 졸이고, 당근도 일일이 볶는다. 두 번 구운 완도산 김도 맛을 내는 데 한몫 담당한다. 떡갈비김밥은 햄 대신 당근 등을 넣고 직접 다진 떡갈비가 큰 부분을 차지한다. 일반(웰빙) 김밥보다 허리둘레가 더 굵다. 오징어김밥에는 청양고추가 끼어든다. 구수한 입담을 '기본 장착한' 주인아주머니는 새벽 4시부터 문을 여는 고단한 일과에도 불구하고 언제나 밝은 얼굴로 손님을 맞아준다.

Info

address 서울특별시 종로구 신문로2가 15 tel 02-734-2084
menu 웰빙김밥 2000원, 오징어김밥 2500원, 떡갈비김밥 3500원, 국물 500원

비주류 라멘

PLACE 7

라멘 베라보

김밥을 먹었으니 평생의 반려자 라면도 호출해보자. 불러 세울 대상은 일본식 라면, 라멘이고 미팅 포인트는 포항에서 인기를 끌다 서울 망원동까지 상륙한 라멘 베라보다.

     라멘이라고 하면 돼지뼈를 고아 만든 육중한 국물의 돈코츠 라멘이 먼저 생각난다. 일본 된장을 푼 미소라멘도 비교적 친근하다. 그런데, 라멘 베라보는 국내에서 보기 힘든 시오(소금)라멘과 쇼유(간장)라멘만을 파고든다. 국물은 닭 육수에 고등어포를 비롯한 세 종류의 말린 해산물을 섞어 완성한다. 쇼유라멘에는 별도로 세 종류의 간장을 더한다고. 확실히 후덕한 돈코츠라멘에 견줘 국물의 점성이 낮고 맛이 상쾌하다. 염도는 예상한 대로 시오라멘이 쇼유라멘을 앞지른다. 시오라멘의 국물이 직선으로 툭 치고 들어온다면 쇼유라멘의 그것은 약간 늘어지면서 감도는 느낌이다. 직접 뽑은 면발은 입속에서 살살거린다. 삼겹살 차슈와 반숙 달걀, 죽순과 파 등을 웃기로 얹는다. 차슈는 미리 익혀놓은 것을 주문과 동시에 토치로 그을리기 시작한다. 반찬은 초생강 한 가지뿐. 2000원이 더 드는 특선을 고르면 돼지고기 차슈와 닭고기 차슈 한 장씩이 추가된다. 생맥주의 품질도 좋은 편이다. 넓은 공간에 비해 좌석 수가 많지 않아 쾌적한 환경에서 '라맥'을 즐길 수 있다.

Info

address 서울특별시 마포구 동교로 67 삼운빌딩 **tel** 02-338-3439
menu 베라보시오 7000원, 베라보시오특선 9000원, 베라보쇼유 8000원, 베라보쇼유특선 1만 원, 생맥주 2000원, 온천달걀 1000원, 면 추가(대) 1000원

3000원의 행복

PLACE 8

이조식당

메뉴는 오붓하고 실내는 조붓하다. 누구에게나 붙임성 좋은 콩나물비빔밥과 잔치국수를 낸다. 여름 한철에는 콩국수도 판매한다. 1인 운영과 셀프서비스로 인건비 최소화, 메뉴 단순화(식당을 열고 처음 6년간은 동태찌개와 삼겹살 등도 취급했다)로 남는 식자재와 음식 찌꺼기 최소화. 콩나물비빔밥과 잔치국수를 3000원에 사 먹을 수 있는 이유다. 그래도 미안한 가격이 아닐 수 없다.

     식당 상호인 이조는 이씨 조선의 줄임말이 아니라 주인 할머니의 함자다. "이름에 도울 조(助)가 들어 있어 허구한 날 남 좋은 일만 한다."며 푸념 아닌 푸념을 늘어놓으신다. 잔치국수에는 멸치, 파뿌리, 양파, 무를 넣고 뽑은 육수를 사용한다. 조금 비싸더라도 남해 멸치를 쓰기 때문에 국물 맛이 제법 진득하다. 콩나물노 장애인들이 기르는 질 좋은 콩나물만을 고집한다. 식감이 좋다. 콩나물비빔밥 역시 잔치국수만큼이나 내용물이 단출하다. 밥과 콩나물과 김 가루가 전부다. 핵심 포인트는 할머니의 배합 노하우가 깃든 양념장이다. 간이 딱 맞는다. 듬뿍 넣어 비벼도 짜지 않다. 함께 나오는 콩나물국은 멸치 육수와 콩나물 삶은 물을 반반씩 섞어 만든다. 감칠맛이 상당하다. 맛있는 음식을 저렴한 값에 대접하고, 질 좋은 재료를 고수하고, 어려운 사람 생각하고, 돈 욕심 크게 안 부리고……. 이조식당의 할머니 같은 분이야말로 노벨 평화상 후보로 손색없다. 손님 중에는 비누 냄새, 샴푸 냄새 폴폴 풍기는 사람들이 많다. 식당 바로 옆이 실로암사우나다. 식대는 선불.

Info

address 서울특별시 중구 청파로103길 33 **tel** 02-365-5993
menu 콩나물비빔밥 3000원, 잔치국수 3000원, 콩국수 4000원

낮술의 전당

PLACE 9

수원집

나는 아재다. 어쩔 수 없고 확실한 아재다. 나이도 그렇지만 애정을 느끼는 식당들을 한 줄로 꿰면 아재 취향이 명확히 나타난다. 나는 오래되고 낡은 가게에서 안온함을 느낀다. 나는 머리가 희끗희끗하거나 백발이 성성한 어르신들이 주요 고객인 음식점에 관심이 쏠린다. 손때가 묻어 반질반질한 선반, 닳고 닳아 종잇장처럼 얇아진 부엌칼, 거의 자취를 감춘 한 장석 떼는 일릭, 시커멓게 그을리고 움푹 팬 대형 주전자가 그 어떤 오브제보다 내 마음에 감흥을 불러일으킨다.

아재의 취향을 정확히 저격하는 수원집은 인천 차이나타운 입구에서 한 꺼풀 비켜난 밴댕이 골목에 자리한다. 가게 안팎에 시간의 더께가 불룩하게 쌓여 있다. 작고 좁은 실내 중앙에는 철판을 씌운 술청이 떡하니 놓여 있고, 중년과 초로의 사내들이 연신 소주잔을 비워낸다. 안주는 주인아주머니가 노련한 솜씨로 썰어준 밴댕이, 병어, 준치, 광어 등이다. 매일 아침 남편이 직접 시장에서 구입하는 제철 생선들은 신선하게 고요히 빛난다. 낮이든 밤이든 수원집에서 혼자 술 마시는 일은 자연스럽다. 누구도 눈꼬리를 올리거나 퉁을 놓지 않는다. 생면부지의 사람들만 있더라도 한두 잔 마시다보면 어느새 말을 섞고 서로의 술잔을 채워주게 된다. 수십 년 단골들의 '깨알 에피소드'와 아재들의 슬며시 끼어드는 허풍은 술맛을 배가시키는 최고의 조미료다. 술이 참 달다.

Info

address 인천광역시 중구 차이나타운로52번길 16 **tel** 032-766-7540
menu 밴댕이회 1만 원, 병어회 1만 5000원, 광어회 2만 원

칼로 썰어 먹는 순대

PLACE 10

순대실록

혼자 사는 사람은 거의 모든 상점들이 문을 닫는 명절 연휴에 '생존의 위협'을 느낀다. '요리 바보'인데다 사정이 생겨 고향에 갈 수 없다면 더욱 치명적이다. 그래서 설날과 추석에 불을 켠 식당은 사막 속 오아시스요, 가뭄 속 단비다.

'젊은 순대'를 지향하는 대학로의 순대실록은 일분일초도 쉬지 않는다. 연중무휴, 24시간 영업. 사람들의 시선을 휘어잡는 메뉴는 순대스테이크다. 20여 가지의 곡물, 채소, 견과류로 속을 빵빵하게 채운 수제 순대를 번철에 통째로 구워낸다. 마치 뱀이 똬리를 튼 것처럼 돌돌 말아 접시에 담는다. 시쳇말로 '비주얼 깡패'다. 씹는 재미가 또렷한 것은 물론이고 선지를 배제해 순대 특유의 냄새를 싫어하는 사람도 거부감이 들지 않는다. 자신이 원하는 두께로 우아하게 칼로 썰어 샐러드 및 두 종류의 소스와 함께 만끽하면 된다. 하우스 맥주를 곁들여도 좋다. 돼지뼈를 13~14시간 우려낸 육수에 순대와 머리고기 등을 넣어주는 순댓국은 농도가 짙으면서도 무겁지 않은 맛이 난다. 만일, 순대스테이크와 순대국밥 중 하나만 골라야 하는 어려운 '미션'이 주어진다면 나는 순대스테이크에 한 표를 행사하겠다.

Info

address 서울특별시 종로구 동숭길 127 우성빌딩 tel 02-742-5338
menu 순대스테이크 1만 4000원, 순대국밥 7000원(특 9000원)

Theme
08

불편
해도

괜찮아

식당 문을 여는 시간이 불규칙해도 괜찮다. 영업시간이 턱없이 짧아도 상관없다. 늘 문전성시라 줄 서서 기다려야 한데도 참을 수 있다. 음식 나오는 시간이 늘어져도 별문제 없다. 내부가 협소해서 옆 사람 어깨 부딪혀가며 먹어도 큰 불만 없다. 주인장의 희로애락이 드러나지 않는 얼굴, 무뚝뚝한 말투, 데면데면한 태도도 대수로울 것이 없다. 괜찮다, 괜찮다. 맛있으니까.

Theme 08

가장 불편한 식당

PLACE 1

부부청대문

언제 가도 문을 열어주는 식당이 있다. 이른바 24시간, 연중무휴 식당이다. 시도 때도 없이 밀려드는 허기와 끊임없이 용솟음치는 식욕을 지닌 나로서는 여간 고맙지가 않다. 반면 고약한 영업시간을 고수하는 집들도 있다. 아무 때나 먹을 수 없는 것은 물론이고 손님을 들이는 시간이 워낙 한정적이다 보니 줄을 서서 기다리기 일쑤다. 그럼에도 불구하고 발길을 멈출 수 없는 이유는 자명하다. 한 번 가서 맛을 보면 쉽게 잊히지 않기 때문이다.

　　서울 광희동의 부부청대문은 영업시간에 관한 한 가장 '새침한' 식당일 것이다. 대략 오후 6~7시 사이에 장사를 시작해서 한 시간

가량만 손님을 받는다. 꼭 만나기 어려운 여자 친구 같다. 이것도 언제 바뀔지 모른다. 예전에는 오후 4시경 기지개를 켰다. 그러니 방문 전 문의해야 안전하다. 단, 예약은 받지 않는다. 실내는 조붓하다. 테이블이 몇 개 없다. 전부 합쳐도 10석 안팎이다. 메뉴 선택권도 없다. 특미해장국 한 가지만 판다. 뚝배기에는 밥을 말 공간이 없을 정도로 두툼한 거세 한우 양지머리와 구수한 우거지가 정말 푸짐하게 들어 있다. 장안의 내로라하는 수육집에 밀리지 않을 정도로 고기의 상태가 최상이다. 부드러움과 쫄깃함을 함께 품고 있다. 고춧가루를 뿌린 다음, 젓가락으로 꾹꾹 눌러 숨이 죽은 파채를 얹어 먹는다. 간장으로 맛을 낸 국물은 짜다. 자리를 잡았다고 해서 바로 먹을 수 있는 건 아니다. 두세 그릇 분량의 고기만 썰고 토렴해서 내어주는 방식을 고집하기 때문에 해장국 맛을 보려면 꽤나 기다려야 한다. 대신 뜨겁지 않아 후루룩 마시기 좋다. 할머니가 고기를 썰고 토렴하는 모습을 보고 있노라면 이런 식고문이 따로 없다. 국물은 원하면 더 부어준다. 함께 나오는 기장밥은 밥알이 잘 살아 있어 국물에 말아 먹기 딱 좋다. 부부청대문이 하루 한 시간 영업 방침을 굳게 지키는 데는 그럴 만한 이유가 있다. 정확히 말하자면 한 시간짜리 장사를 위해 열두 시간을 준비하는 것이다. 건강이 여의치 않은 주인 할머니가 억센 우거지를 다듬고, 은근한 불로 고기를 삶아내기까지 긴 시간이 필요한 것이다. 신비주의 전략이나 호기심 마케팅이 아니다. 해장국이라고 가벼이 여기지 마시라. 이 집 해장국은 슬로푸드다. 주의 사항 한 가지 더 알려드린다. 주류는 반입할 수 없고 판매도 하지 않는다. 아예 '술을 가져오신 분이나 술을 드시는 분께는 해장국을 팔지 않습니다'라는 추상같은 문구가 적혀 있다. 원고 교정 단계에서 다시 확인해본 바, 할머니가 치료 중이라 현재는 문을 닫은 상태다. 2017년 2월 초 영업을 재개할 것으로 보인다.

address 서울특별시 중구 장충단로10길 18 **tel** 02-2273-6772
menu 특미해장국 1만 9000원

만 원에 즐기는 호사

PLACE 2

용문원조능이버섯국밥

능이버섯은 '가을 산의 진객(珍客)'으로 통한다. 보통 9월 하순부터 약 한 달간 채취하는데, 상품(上品)은 1kg에 10만 원을 호가할 정도로 귀한 대접을 받는다. 한약재 같은 향이 나고 씹는 맛도 남다르다. '일(一) 능이, 이(二) 표고, 삼(三) 송이'란 표현은 버섯계에서 차지하는 능이의 존엄과 위엄을 말해준다.

양평의 용문원조능이버섯국밥은 용문역 앞 도로변에 자리한다는 사실이 믿기지 않을 만큼 외관이 허름하다. 인적 드문 산간 마을에나 있을 법한 모양새다. 가게 앞에 놓인, 작은 화분을 넣어둔 폐등산화에서는 주인장의 독특한 감각이 엿보인다(지금은 치웠을 수도 있다). 내부 분위기도 기묘하다. 직접 그렸다는 '문짝 그림'과 군대에 있어야 할 여러 개의 반합이 한쪽에 걸려 있다. 충북 제천의 월악산 자락에서 아홉 형제 중 일곱째로 태어난 식당 주인은 틈만 나면 가깝고 먼 산을 찾아 버섯이나 약초를 캐러 다닌다. 덕분에 가게 문을 닫는 일도 빈번하다. 그러니 이 집에서 물 한잔이라도 얻어 마시려면 사전에 전화를 해야 한다. 능이버섯전골에는 귀물인 능이버섯을 위시해 송이버섯과 느타리버섯 등이 아낌없이 들어간다. 군계일학은 역시 능이버섯. 물에 젖었는데도 특유

의 향이 솔솔 피어오른다. 육수는 엄나무, 뽕나무, 가시오가피, 헛개나무 등을 이용해 얻는다. 짙고 웅숭깊은 맛이다. 전골에 넣어주는 칼국수도 쫄깃하기 이를 데 없다. 전골과 칼국수 이외에 버섯, 콩나물, 부추 등을 넣은 냄비약초밥도 만들어준다. 이 모든 게 단돈 만 원(1인 가격, 2인 이상 주문 가능). 먹으면서도 황송할 지경이다. 각종 효소를 넣어 감칠맛이 또렷하게 올라오는 반찬도 남김없이 먹게 된다. 어느 날 이 집에서 밥을 먹는데, 다른 테이블에서 식사 중이던 초로의 사내가 "오이의 조직이 어쩜 이렇게 살아 있느냐?"고 물었다. 곧바로 "주인장 마음이 살아 있어서 그렇다"는 싱겁지만 의미심장한 답이 돌아왔다.

address 경기도 양평군 용문면 용문역길 12 **tel** 010-9386-0022
menu 버섯칼국수 5000원, 버섯따로국밥 7000원, 능이국밥 1만 원, 능이버섯전골 1만 원

요동치는 면발

PLACE 3

즉석우동국수

일명 '마약 우동(실제로는 우동처럼 가락이 굵지 않다)'으로 불리는, 면발 끝내주는 집이다. 지하철 3호선 홍제역 1번 출구 부근 맥도날드 골목에 있다. 역시 영업시간이 유동적이다. 보통 밤 9~10시 사이에 문을 여는데, 미리 와서 예약하는 사람들도 보인다. 아예 밤 10시를 넘겨 시작하거나 기존 마감 시간인 새벽 2시가 지났는데 장사를 계속하는 경우도 있다.

가게 안쪽에 5명 정도를 수용할 수 있는 ㄱ자형의 테이블이 있고, 천막 아래 테이블에도 대여섯 명이 앉을 수 있다. 아무리 손님이 많아도 한 팀에 해당하는 국수만 삶는다. 즉석에서 면을 뽑고 삶아내기 때문에 국수를 맛보려면 20~30분가량 기다려야 한다. 손님들은 으레 오도독뼈나 닭똥집을 주문해 먹으며 그 '지루한 시간'을 견딘다. 멸치로 우려낸 국물은 평범하지만, 가는 국숫발의 힘이 그야말로 위대하다. 차지고 탱글탱글하다. 한입 푸짐하게 밀어 넣으면 면발이 입안에서 요동친다. 마지막 젓가락까지 면이 불지 않는다. 가격도 착하다.

Info

address 서울특별시 서대문구 통일로 40길 5 **tel** 02-391-3319
menu 우동국수 3000원, 꼼장어 8000원, 오도독뼈 6000원, 닭똥집 6000원, 오징어 6000원

술, 미리 준비하세요

PLACE 4

앞바당

일단 애주가들에게 가장 중요한 정보부터 적는다. 앞바당은 휴게 음식점으로 등록돼 있기 때문에 주류를 일절 판매하지 않는다. 그러니 인근 편의점이나 가게에 들러 미리 준비해야 한다. 장담하건대, 앞바당에서 술 없이 버티는 일은 '미션 임파서블'이다.

　　식당 주인 내외는 표정이 별로 없고 말수도 적다. 사근사근한 태도와는 거리가 멀다. 어떤 사람들은 이런 부부의 모습에 당황스러워한다. 개인적으로는 아무렇지도 않다. 오히려 지나치게 친절한 식당이

나는 부담스럽다.

앞바당의 기본 식재료는 주인장이 직접 주낙으로 잡아온 붕장어다. 번개탄 화로에 직접 구워 먹으면 된다. 양념장을 따로 준비해주기 때문에 소금구이, 양념구이 둘 다 즐길 수 있다. 오동통한 장어의 풍미도 좋지만, 무엇보다 마당에 놓인 평상에서 서귀포 앞바다를 감상하며 먹는 맛이 압도적이다. 그때그때 다른 자연산 횟감도 준비된다.

Info

address 제주특별자치도 서귀포시 보목로70번길 8 tel 064-732-9310
menu 붕장어(1kg) 3만 3000원

거룩하게 구워내는 삼겹살
PLACE 5

두암식당

전남 무안군은 적(赤)과 청(靑)의 고장이다. 황토밭이 풀어내는 붉음이 파밭과 바다에서 비롯되는 푸름과 한데 엉켜 근사한 색의 앙상블을 이룬다.

    몽탄면 사창리의 두암식당은 짚불구이의 원조다. 대를 이어 운영 중인데, 안주인은 식당 안을 책임지고 바깥주인은 마당 한쪽의 창고에서 고기 굽는 일에 매진한다. 쭈그려 앉아 매캐한 연기를 마셔가며 삼겹살에 연신 불기운을 입히는 모습은 거룩하다. 고기는 1인분,

한 판씩밖에 구울 수 없다. 당연히 2인분을 시키든 4인분을 시키든 딱 1인분씩의 고기(16점)만 손님상에 올라온다. 여러 명이 둘러앉았다면 몇 점 먹지 않아 고기가 떨어진다. 게다가 두께가 얇아 입속으로 가져가는 순간 행방불명된다. 마치 찔끔찔끔 나오는 수돗물처럼 감질난다. 어쩌면 다음 판에 대한 기다림과 이미 먹어서 알고 있는 맛에 대한 욕망이 이 집 고기를 더욱 맛있게 만들어주는지도 모르겠다. 사납게 타오르는 짚불로 구워낸 삼겹살에는 볏짚 특유의 향이 진하게 감돈다. 칠게를 잡아다 곱게 갈아 마늘과 고추 등의 양념으로 버무린 게장은 돼지고기에 감칠맛을 더한다. 무안의 자랑인 양파로 만든 새치름한 김치는 고기의 느끼함을 덜어낸다. 게장에 나물과 달걀 프라이, 김 가루 등을 곁들인 비빔밥도 그냥 지나칠 수 없다. 역시 고기 뒤끝엔 탄수화물이 제격이다.

Info

---

address 전라남도 무안군 몽탄면 우명길 52 **tel** 061-452-3775
menu 짚불구이(200g) 1만 2000원, 게장비빔밥 4000원

하루 세 시간만 허락된 짬뽕
PLACE 6

진흥각

여러모로 '웃기는' 중국집이다. 일단 영업시간이 매정하다. 오전 11시부터 오후 2시까지 딱 세 시간이다. 그나마 예전보다 40분이 늘었다. 일요일은 쉬고, 주중 국경일은 문을 연다. 내부가 들여다보이지 않아 늘 닫혀 있는 것 같은 외관도 특이하다. 가게 안으로 들어서면 어릴 적 동네 중국집 분위기가 물씬하다. 진흥각에 탕수육, 군만두, 볶음밥은 없다. 오로지 짜장면, 짬뽕, 짬뽕밥 세 가지만 판다. 자리에 앉아 최소 20분 이상은 기다려야 한다. 여느 중국집에서나 만날 수 있는 단무지,

양파, 춘장이 말동무가 되어주는데 특히 투명할 정도로 얇게 베어낸 단무지의 맛이 좋다. 베스트셀러는 짬뽕. 깔끔하게 손질된 돼지고기, 오징어, 채소들이 소다를 치지 않아 보드라운 면과 함께 국물에 몸을 맡기고 있는데 건더기가 많은 편은 아니다. 솔직히 맛집 프로그램에 단골로 등장하는, 해산물이나 갈비를 탑처럼 쌓아놓은 짬뽕은 별로 탐탁하지가 않다. 진흥각 짬뽕의 백미는 국물이다. 불향이 강하게 묻어 있거나 걸쭉하고 진득한 쪽이 아니라 경쾌하게 구수하고 군더더기 없이 개운한 계통이다. 진흥각과 더불어 공주 4대 짬뽕집에 속한다는 동해원보다 덜 짜고 덜 자극적이라는 게 중론이다. 확실히 해장에도 좋은 국물이다. 짜장면도 나쁘지 않다. 짜지 않고 달지 않은, 각이 서 있지 않은 소스가 충분해서 면발에 골고루 묻어난다.

Info
---

address 충청남도 공주시 감영길 20 **tel** 041-855-4458
menu 짜장면 6000원, 짬뽕 6500원, 짬뽕밥 7000원, 곱빼기 +1000원

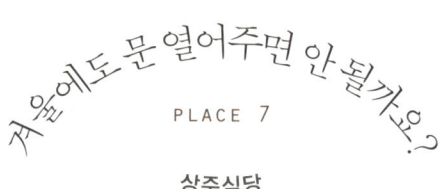

PLACE 7

상주식당

맛없는 고장은 없다. 자신의 입맛에 맞지 않거나 맛있는 집을 못 찾았을 뿐. 대구도 마찬가지다. 흔히 대구를 두고 '맛의 불모지다', '먹을 데가 없다'는 등의 불평을 쏟아내는 사람들이 많지만 대구라고 맛있는 식당이 없을 리 없다. 그리고 마약떡볶이와 막창구이가 대구 음식의 전부는 아니다. 찬찬히 둘러보면 스펙트럼이 좁지 않음을 알 수 있다.

1946년 생겨난 상주식당에서 추어탕 이외의 메뉴는 찾아볼 수 없다. 추어탕집에서 흔히 접할 수 있는 튀김이나 전골도 취급하지 않는다. 더구나 매년 두 달 보름가량 문을 닫는다(보통 12월 16일부터 이듬해 2월까지). 계절적 요인으로 고랭지 배추와 미꾸라지를 확보할 수 없어 영업을 잠시 중단하던 전통을 지금도 유지하고 있는 것이다. 상주 식당의 추어탕은 담박함 그 자체다. 미꾸라지 고유의 감칠맛에 배추의 시원함이 더해졌을 뿐이다. 기호에 따라 다진 고추나 제피 가루를 넣으면 된다. 반찬은 두 종류의 김치로 채워지는데, 특히 백김치가 예술이다. 맛이 신선하면서도 깊숙하다. 밥에는 윤기가 자르르 흐른다. 두말할 나위 없이 공들여 지은 밥이다. 이 집에서 추어탕을 먹고 나면 진짜 밥 한 끼 먹었다는 생각이 절로 든다. 술은 판매하지 않으며, 추어탕 포장은 가능하다.

― Info ―

address 대구광역시 중구 국채보상로 598-1 **tel** 053-425-5924
menu 추어탕 8000원 (밥 없이 탕만 먹으면 7000원. 추가 공깃밥 무료)

PLACE 8

연남서식당

연남서식당이란 정식 상호보다 '서서갈비'로 더 유명하다. 왜 서서갈비냐고? 서서 먹어야 하니까! 이 집에는 의자가 없다. 드럼통을 개조한 테이블을 선 채로 에워싸고 대낮부터 자욱한 연기와 혼연일체가 되어 고기 굽는 사람들을 흔하게 볼 수 있다.

      연남서식당은 오랜 역사를 지녔다. 1953년에 영업을 시작했다. 요즘은 외국인 관광객들도 많이 찾는다. 기름과 심줄을 절묘하게 제거한 소갈비를 매일 아침 양념장에 재웠다가 2시간 뒤 손님에게 제공한다. 메뉴판에는 '국내산 육우 뼈갈비에 미국산 토시살을 섞음'이라고 적혀 있다. 어쨌든 워낙 인기가 높아 고기가 일찍 떨어지는 일이

잦다.

　화력이 강한 연탄불은 육즙이 빠지기 전 두툼한 고기를 익혀낸다. 실제로 가게 한쪽에는 차례를 기다리는 연탄이, 가게 밖에는 열정을 하얗게 불태운 연탄재가 수북하게 쌓여 있다. 찬은 풋고추, 고추장, 간장 양념장이 전부. 특히 달달한 양념장에 홀린 듯 자꾸만 손이 간다.

--- *Info* ---

address 서울특별시 마포구 백범로2길 32　**tel** 02-716-2520
menu 소갈비(1대 150g) 1만 5000원

PLACE 9

신발원

부산역 맞은편 초량동 차이나타운에 있다. 외관은 전형적인 중국집 분위기를 풍기지만 신발원은 짜장면과 짬뽕을 취급하지 않는다. 더운 김으로 쪄내는 토실토실한 고기만두, 끓는 물에 삶아내는 살짝 두꺼운 만두피의 물만두, 겉은 바삭하고 속은 촉촉한 군만두, 견과류와 말린 과일이 듬뿍 들어 있는 월병, 달지 않아 물리지 않는 팥빵, 부셔 먹는 재미가 있는 공갈빵, 은은하고 포근한 콩국 등을 내놓는다. 내부는 시골 동네 빵집을 연상시킬 만큼 단출하다. 가게 중앙의 작은 진열대에 꽈배기와 공갈빵 등이 열을 맞춰 놓여 있다. 직원들이 숙련된 솜씨로 만두를 빚고, 대나무 찜통에서 바로 찌는 모습도 볼 수 있다. 가뜩이나 매장이 협소해서 자리 확보하기가 쉽지 않은 집이었는데, 몇 달 전 〈백종원의 3대 천왕〉에 나오면서 손님이 끝도 없이 밀려든다. 하긴 이런 집이 어디 한두 군데일까. 이 책에 등장하는 식당들 중에도 〈수요미식회〉, 〈백종원의 3대 천왕〉, 〈테이스티 로드〉, 〈식신로드〉, 〈맛있는 녀석들〉 등으로 대표되는 맛집 프로그램 혹은 '먹방'에 얼굴을 비친 경우가 적지 않을 것이다. 사족을 달자면, 이런 종류의 프로그램에서 처음 보고 찾아 책에 올린 식당은 단 한 곳도 없다. 이미 그전부터 자주 드나들거나 익히 알고 있는 집들이다. 왠지 좀 억울해서 쓸데없는 소리를 늘어놓았다.

Info

address 부산광역시 동구 대영로243번길 62 **tel** 051-467-0177
menu 고기만두 5000원, 물만두 5000원, 군만두 5000원, 콩국+과자 3000원, 월병 3000원, 공갈빵 1200원, 꽈배기 1200원, 커빙 1200원, 팥빵 1000원

PLACE 10

원효로

음주를 사랑하는 사람이라면 누구나 무릎을 치면서 격하게 공감하는 웹툰 〈술꾼 도시 처녀들〉의 미깡 작가가 추천해준 집이다. 길 이름을 차용한 예스러운 느낌의 상호부터가 썩 마음에 든다. 원효로의 주인장은 시쳇말로 '쿨내'가 진동한다. 일단, 뭘 물어봐도 잘 안 가르쳐준다. 또, 혼자서 바쁘다는 핑계로 손님들을 스스럼없이 부려먹는다. 병따개, 수저, 그릇, 반찬 등을 직접 챙겨야 한다. 생맥주를 손수 따라 마셔야 하는 경우도 왕왕 발생한다. 원효로에서 가장 빈번하게 호출당하는 메뉴는 생연어회다. 복어처럼 비칠 듯이 얇게 저민 생선회도 좋지만 연어회는 모름지기 두꺼워야 한다. 워낙 부드럽고 살살 녹기 때문에 입안 가득 존재감을 각인시키려면 숭덩숭덩 썰어내는 것이 맞다. 원효로의 큼지막한 연어회 한 점에 양파와 고추냉이를 톡 올려 먹으면 기분 좋은 웃음이 배어 나온다. 이 집의 소등심구이는 사실 볶음 요리에 가깝다. 양파, 마늘, 브로콜리 등을 넣고 스테이크소스로 달보드레하게 볶아낸다. 통후추의 향도 근사하다. 근육질의 조개관자에 양파와 아스파라거스가 합세하는 관자볶음은 식감의 향연을 베푼다. 맛을 배가시키는 버터, 소금, 후추는 누구도 거부할 수 없는 최고의 삼인조다.

사실 원효로는 맛도 맛이지만 '츤데레' 주인과 단골들이 조성하는 활기찬 분위기가 정말 매력적인 곳이다. 한번 발을 들여놓으면 '출구'를 찾기 힘든 마성의 공간이다.

Info

address 서울특별시 용산구 백범로 330 **tel** 02-702-4550
menu 생연어회 1만 2000원, 소등심구이 1만 5000원, 관자볶음 1만 5000원, 두부 1만 원, 어묵탕 1만 원

Theme
09

위로가

필요해

불시에 찾아가도 자리가 남아도는 식당이었는데, 어느 날 방송에 나온 이후 갈 수 없는 곳이 됐다. 위로가 필요하다. 먹는 데 몰입한 나머지 라스트 오더를 깜빡했다. 꼭 맛보고 싶은 요리가 남았는데……. 위로가 필요하다. 연중무휴, 24시간 영업하는 식당인데 이날따라 주방장 몸이 아파서 갑자기 문을 닫았다. 위로가 필요하다. 하필 먹고 싶은 메뉴의 재료만 똑 떨어져서(나보다 바로 앞서 입장한 일행은 운이 좋았다) 울며 겨자 먹기로 그다지 끌리지 않는 음식을 선택할 수밖에 없었다. 위로가 필요하다. 당신은 어떨 때 위로가 필요한가? 혹은 어떤 위로가 필요한가? 위로의 방식은 다양하겠지만 '음식 테라피' 괜찮지 아니한가?

《
Theme 09

뒤끝 없는 매운맛

PLACE 1

여로집

많은 이들이 스트레스가 쌓일 때 매운 음식을 찾는다. 매운맛은 통각이다. 통증으로 또 다른 통증을 다스리거나 잊거나 마비시키는 것이다. 나는 예전보다 매운 음식을 잘 못 먹는다. 못 견딘다는 표현이 정확할 것이다. 그래서 여로집을 처음 방문했을 때, 과연 내 혀뿌리가 맵기로 소문난 오징어볶음을 감당할 수 있을지 은근히 긴장됐다.

      영등포동의 여로집은 반세기 가까운 업력을 지닌 전통의 음식점이다. 메뉴 중에는 오징어볶음의 세도가 등등하다. 검질긴 오징어도 물론 좋지만 함께 버무리는 무채가 주연 버금가는 존재감을 과시한다. 싱싱하다 못해 씽씽하다. 혈기 방장한 청년 같다. 오징어볶음은 확실히 맵다. 각이 서 있다. 그런데 불쾌하게 매운 것이 아니라 상큼하게 칼칼하다. 오랫동안 혀를 괴롭히는 것이 아니라 다 먹고 식당 문을 나서는 순간 말끔하게 가신다. 당장의 '입속의 불'은 밑반찬인 동치미와 콩나물, 그리고 흘러넘칠 듯 뚝배기에 담겨 나오는 달걀찜(별도 주문)으로 끄면 된다. 동치미는 시원하나 특유의 쿰쿰한 맛이 없어 좀 맨송맨송하기는 하다. 대미는 김 가루와 참기름을 뿌린 비빔용 밥에 오징어와 무채를 보태 쓱쓱 비벼 먹는 것으로 장식한다. 얼얼한 맛이 넌지시 주저앉으면서 입에 쩍쩍 붙는다. 주문할 때 참기름을 조금 더 넣어 달라고 하면 풍미가 한층 살아난다.

Info
---

address 서울특별시 영등포구 영중로10길 26 **tel** 02-2678-8934
menu 오징어볶음 大 3만 5000원·中 2만 3000원·小 1만 8000원, 달걀찜 9000원

PLACE 2

맛골집

지금 맛골집에 가보면 출입문에 털보감자탕이란 이름이 쓰여 있다. 어리둥절한 사람이 많을 것이다. 사실 맛골집의 원래 상호가 털보감자탕이다. 주인아주머니의 개인 사정으로 지난 10년간 드러내지 않았던 문패를 다시 불러낸 것이다. 하지만 여기서는 그간 친숙해진 맛골집으로 부르겠다.

    1991년 12월 닻을 올린 맛골집은 가장 '핫한' 전통시장으로 자리매김한 금천교시장의 몇 남지 않은 산증인이다. 시장의 오랜 구성원들이 이런저런 이유로 정든 '고향'을 떠났지만, 맛골집만큼은 굳건히 자리를 지키고 있다. 나는 이 집을 수도 없이 들락거렸다. 4일 연속으로 얼굴을 비친 적도 있다. 별다른 이유 없다. 이 집 감자탕이 맛있고, 주인아주머니(이모라고 부른다)가 살가워서다. 마음 어지러운 날, 맛골집 감자탕에 소주 한잔이면 한결 가든해진다.

이모가 일러준 감자탕 만드는 법을 들여다보자. 찬물에 4시간 이상 담가 핏물을 뺀 국내산 돼지뼈에 마늘, 생강, 소금, 후추, 조미료 등을 넣고 3시간에서 3시간 20분 정도 삶는다. 주문이 들어오면 육수(뼈 삶은 물)에 돼지뼈과 삶은 감자를 깔고 전날 불려놓은 들깨와 콩을 믹서로 갈아 끓인 물을 보탠다. 콩나물, 청양고추, 고춧가루, 파, 부추, 깻잎, 들깻가루를 더해 한소끔 끓여 손님상에 올린다. 고추장은 엔트리에 없다. 들깨와 콩물 덕분에 국물이 모나지 않고 원만하다. 잡스러운 냄새는 얼씬거리지 않고 구수함만이 감돈다. 곱창은 전골이나 볶음 형태로 준비된다. 밀가루와 굵은 소금으로 깨끗하게 씻은 곱창을 뜨거운 물에 헹궈준다. 곱창을 먼저 볶고 당근, 양배추, 파, 양파, 깻잎, 부추, 당면, 들깻가루를 투입한다. 양념장은 고추장, 고춧가루, 진간장, 생강을 한데 섞어 만든다. 특출하다고는 할 수 없지만, 소주 홀짝거리며 한 점씩 집어먹기에는 부족함이 없다. 양도 여유롭다. 직접 담근 깍두기는 일당백의 위력을 발휘한다. 들깨, 콩, 고춧가루는 이모의 고향인 경남 고성에 있는 큰집에서 가져온다. 이모는 '참여형' 주인장이다. 손님들과 곧잘 술잔을 나눈다. 때로는 감자탕이 아니라 이모의 천진한 익살과 꾸밈없는 마음씨가 그리워 맛골집을 찾는다.

Info

address 서울특별시 종로구 자하문로1길 12 **tel** 02-739-1244
menu 감자탕 大 2만 5000원·中 2만 2000원·小 1만 8000원, 곱창(1인분) 8000원, 사리(라면, 쫄면) 1000원

따뜻한 식당

PLACE 3

동아식당

구례군 구례읍의 동아식당은 지난 2012년 5월 조선일보의 오태진 논설위원이 쓴 기사를 계기로 좀 더 널리 알려지기 시작했다. 물론 눈 밝은 식도락가들은 그전에 이 온정 넘치는 식당을 다녀갔다. 동네 주민들이야 말할 것도 없고.

  동아식당에는 원산지 표시 말고 가격이 표기된 메뉴판이 없는데, 사람들은 아랑곳하지 않고 십중팔구 가오리찜을 주문한다. 하루 이틀 말린 가오리에 부추, 당근 등의 고명을 얹어 쪄낸다. 살짝 데친 부추도 가오리 양옆에 보시시 올린다. 살결은 이드르르하고, 물렁뼈는 오돌오돌하다. 부추와 함께 초장에 찍어 먹으면 배시시 소리 없는 웃음이 피어난다. 주요리 곁을 지키는 호위무사들은 집에서 늘 대하는 반찬들이다. 무엇 하나 새로울 것 없지만 어느 것 하나 허투루 만들지 않는다. 아홉 가지의 찬(더 내올 때도 있다) 이외에 두부와 달걀 프라이도 먹게 해준다. 특히 여러 개를 한꺼번에 깨트려서 부추와 고추로 한껏 멋을 부린 달걀 프라이는 동아식당의 마스코트와도 같다.

동아식당에 가면 마음이 녹녹해진다. 주인 할머니의 넉넉한 품 때문이다. 부족한 것 없나 항상 살피고(부족하기는커녕 넘쳐난다) 하나라도 더 내어주려 한다. 음식 욕심부리는 사람에게는 양이 많으니 일단 먹어보고 더 시키라고 말한다. 오 위원의 글을 보면 그간 식대를 받지 않은(못한) 경우도 많았던 모양이다. 인위적인 친절이 아니라 타고난 품성이다. 나는 식사(실은 낮술)를 마치고 값을 치른 다음, 인근 빵집에 가서 간식거리를 좀 사다 드렸다. 몸속에 따뜻한 물이 차올랐다. 어느 화창한 봄날 오후였다.

Info

address 전라남도 구례군 구례읍 봉동길 3 **tel** 061-782-5474
menu 가오리찜 大 3만 원·小 2만 원

무슨 가루일까?

PLACE 4

마약고기

짧은 거리이긴 하지만 지금의 자리로 이사 오기 전까지만 해도 간판이 따로 없었다. 그저 식당 출입문에 가브리살, 항정살, 돼지껍데기라고만 쓰여 있었다. 예나 지금이나 인기 절정의 메뉴는 가브리살이다. '마약고기'라는 무시무시한 칭호를 얻게끔 한 장본인이다.

　　숙성한 고기를 덩어리째 불판에 올린 다음, 일명 '마법의 가루'를 뿌려준다. 가루의 성분을 놓고 온갖 추측이 난무하지만 정확히 알려신 것이 없다. 살짝 익으면 도마로 옮겨 마치 회를 뜨듯이 도톰한 두께로 썰어준다. 그러면 선홍빛 속살이 모습을 드러내는데, 그 자태가 참치타다키를 연상시킨다. 다시 불판으로 가져와 조금 더 익힌다. 소고기처럼 육즙이 살짝 배어 나오면 뒤집어준다. 돼지고기라고 자주 뒤집을 필요가 없다. 지금까지 접해본 돼지고기 중 가장 부드러운 축에 든다.

사장님이 알려준 맛있게 먹는 방법. 겨자소스에 찍은 가브리살을 쌈무 위로 옮기고, 부추와 마늘장아찌도 함께 넣어 먹는다. 구운 양송이버섯에 쌈장 묻힌 마늘과 고기 한 점 올려 입안으로 가져가도 훈풍이 분다. 신혼살림 재미처럼 고소한 항정살 역시 많은 사람들이 찾는다. 확실히 이 집 돼지고기를 식도와 위장으로 들여보내는 시간만큼은 외로움, 쓸쓸함, 이별의 상처 따위가 달려들지 않는다. 마무리는 밥을 말아서 내어주는 청국장의 몫이다. 맛이 연한 편이다. 메뉴판에는 없다.

Info
---

address 서울특별시 동대문구 왕산로 94-2 **tel** 02-927-2992
menu 가브리살 1만 2000원, 주먹고기 1만 1000원, 목항정살 1만 2000원, 돼지껍데기(2장) 8000원, 양송이버섯 5000원

주인장 닮은 육개장

PLACE 5

옛집식당

대구에는 육개장을 파는 식당이 많다. 폭넓은 인기를 누리고 있다는 증거다. 대구가 오죽 더운가. 한여름에는 정말 펄펄 끓는다. 그런데 불더위, 된더위, 강더위에도 육개장의 인기는 수그러들지 않는다. 오히려 육개장을 먹으며 이열치열의 묘미를 즐기는 사람들도 수두룩하다. 1953년에 문을 연 옛집식당도 대구에서 인기 있는 육개장 식당 중 한 곳이다. 골목 안에 위치한 자그마한 가정집인데, 왜소한 체구의 주인 할머니가 어찌나 깔끔하게 관리하는지 마루나 가구 등이 반들반들하다. 어머니를 도와 함께 일하는 아들의 태도도 엽엽하다. 하나밖에 없는 메뉴인 육개장도 주인의 성품처럼 깔끔하다. 사태고기는 적당히 씹

238

히는 맛이 좋고, 드세지 않은 국물에는 대파와 무에서 우러난 달곰함이 배어 있다. 컬컬하고 걸쭉한 서울의 육개장과는 사뭇 다르다. 반찬은 깍두기, 고추조림, 파와 김무침, 두부부침 등으로 단정하게 구성되는데 다른 무엇보다 파와 김무침이 입맛을 돋워준다.

　　옛집식당은 박찬일 주방장과 『백년식당』을 준비하면서 다닌 식당들 가운데 개인적으로 가장 마음에 들었던 곳이다. 역사도, 장소도, 분위기도, 맛도 깊고 그윽하다. 야단스럽지 않은 육개장 한 그릇 먹고 식당 문을 나서면 이상하리만치 뒷머리가 당겨 자꾸만 돌아다보게 된다.

Info

address 대구광역시 중구 달성공원로6길 48-5　tel 053-554-4498　menu 육개장 8000원

격조 있는 단맛

PLACE 6

제일꽃게장

충남 당진은 서울에서 가깝다. 자동차로 이동할 경우 요금소 기준으로 약 한 시간이면 닿을 수 있다. 당진에도 기억해둘 만한 식당들이 있다. 닭개장에만 천착하는 원당동의 장춘식당, 봄 한철 실치 요리를 맛볼 수 있는 장고항리의 해안선횟집, 쌈장·덕장·담북찜장 등 세 종류의 장과 쫄깃쫄깃한 우렁이가 불티나게 팔리는 도성리의 우렁이박사가 반가운 얼굴들이다. 개인적으로는 채운동의 제일꽃게장이 가장 강력하다. 그동안 전국을 돌아다니며 경험해본 바 간장 게장은 특별히 맛없기도 어렵지만, 특출하게 맛있는 집을 찾기도 쉽지 않다. 그런 면에서 제일꽃게장의 존재는 듬직하기 짝이 없다. 주홍빛의 알이 실속 있게 박혀 있는 이 집 게장은 절묘한 좌표를 점한다. 인위적인 감미가 지배하는 것도 아니고 짠맛으로 뒤발한 것도 아니며 미세한 쓴맛이나 슬금슬금 올라오는 비린내로 뒷입맛을 망치는 것도 아니다. 부드럽게 곡선을 그리는 격조 있는 단맛이다. 그냥 먹어도, 게딱지에 비벼 먹어도, 구운 김에 싸서 먹어도, 즉 어떻게 먹어도 흐뭇흐뭇하다. 단호박을 넣고 끓인 꽃게탕 역시 맛이 의젓하지만 예산의 압박이 만만치 않다.

Info
---

address 충청남도 당진시 백암로 246　**tel** 041-353-6379
menu 게장백반 2만 3000원, 꽃게탕 大 7만 1000원·中 5만 8000원·小 4만 1000원

매력 터지는 중식 펍

PLACE 7

건일배

이연복 셰프가 메뉴 개발 및 구성에 참여했다는 사실이 알려지면서 개업 초기부터 관심이 집중된 식당이다. 최근 들어 크게 인기를 끌고 있는 중식 펍의 형태를 띠고 있다. 가장 큰 특징은 선택과 집중이다. 가짓수를 줄이는 대신(일반적인 식사 메뉴가 거의 없다) 일품요리를 비교적 저렴한 가격에 제공한다.

건일배에 갈 때마다 반드시 주문하는 메뉴는 녹두면부침이나. 당면보다 가늘지만 꼬들꼬들함은 몇 수 위다. 길쭉하게 채 친 오이, 당근, 다시마까지 섞어 씹는 맛이 각별나다. 칼집 낸 오징어와 몽땅한 새우도 함께한다. 맛은 맵싸하다. 먹다보면 입술 가장자리가 살짝 부풀어 오른다. 냄새부터 맛있고 한입 뜨면 바로 맛이 터지는 등갈비튀김. 맥주와 찰떡궁합이다. 두 번의 조리를 통해 기름기를 줄이고 바삭함은 상승시킨 회과육 역시 맥주의 등장을 재촉한다. 너무 시지도 너무 달지도 않은 해파리냉채는 입가심으로 좋은 메뉴다. 볶음밥도 깊은 여운을 남긴다. 달걀과 파만으로 간결하게 볶아낸다. 기름을 아주 살짝 둘러 전혀 질척거

리지 않는다. 밥알이 가붓가붓 날아다닌다. 덜어내서 더 맛있는, 뺄셈의 볶음밥이라 부를 만하다. 일일이 다 언급할 수는 없지만, 나머지 메뉴들도 두루 매력적이다. 힘들고 지친 하루의 끝에서 만나는 건일배의 요리들(과 술)은 달콤한 위로다.

Info
---

address 서울특별시 서대문구 연희맛로 29 **tel** 02-333-1009
menu 녹두면무침 1만 5000원, 해파리냉채 1만 5000원, 회과육 1만 5000원,
등갈비튀김 2만 5000원, 볶음밥 6000원

윤택한 밥

PLACE 8

광주식당

일찍이 어른들이 말했다. 밥이 보약이라고, 사람은 밥심으로 산다고. 어느덧 불혹을 넘겨 마흔 중반을 바라보는 나이가 되니 이 '오래된 경구'가 새삼 절절하다.

광주식당은 청량리시장에 깃들어 있다. 청국장, 된장찌개, 김치찌개, 동태찌개, 갈치조림, 제육볶음 등의 다양한 메뉴를 판매하지만 갓 지은 냄비 밥이 광주식당의 트레이드마크다. 일반 양은 냄비보다 두 배 이상 두껍기 때문에 밥이 타지 않으면서 누룽지가 잘 만들어

진다. 주방에서 밥을 안치고 뜸을 들이고 완성이 되면 냄비째 가져와 공기에 담아준다. 광주식당의 밥은 한마디로 윤택하다. 고슬고슬하고 윤기가 자르르하게 흐른다. 밥이 훌륭하니 낯익은 반찬들조차 새삼스레 예뻐 보인다. 특히 고등어조림과의 컬래버레이션이 좋다. 찌개 중에는 구김살 없는 두부와 삶은 콩이 남부럽지 않게 들어간 청국장이 단연 으뜸이다. 청국장 특유의 고릿한 냄새가 맹렬하지 않아 누구나 부담 없이 즐길 수 있다. 김치찌개는 상대적으로 평범한 편인데, 매운 고추 때문에 목젖을 쏘는 느낌이 있다. 그럴 때는 미리 만들어놓은 숭늉으로 차분히 가라앉히면 된다.

Info

---

address 서울특별시 동대문구 홍릉로1길 21-6　tel 02-969-4403
menu 청국장 5000원, 된장찌개 5000원, 김치찌개 6000원, 동태찌개 6000원,
갈치조림(2인분) 1만 6000원

'생'과 '왕'의 만남

PLACE 9

성산왕갈비

메뉴판의 내용이 간단하다. 소고기 메뉴 두 가지(등심과 특수 부위)와 돼지고기 메뉴 두 가지(갈비와 삼겹살) 그리고 공깃밥밖에 없다. 바꿔 말해 고기와 밥이 전부다. 사랑을 독차지하는 메뉴는 돼지갈비다. 이 집 돼지갈비, 푸석한 냉동 갈비가 아니라 녹진한 생갈비다. 이 집 돼지갈비, 젓가락질 몇 번에 자취를 감추는 시시한 크기의 갈비가 아니라 불판 전체를 집어삼키는 거대한 사이즈의 왕갈비다. '생'과 '왕'이 만났으니 알현하지 않을 수 없다. 4인분 이상 먹을 가능성이 짙으면 추가 주문 방식(예를 들어 2+2)을 취하지 말고 처음부터 4인분을 시키는 것이 낫다. 그래야만 엄청나게 큰 갈빗대에 붙은 '통갈비'가 나온다. '이불 갈비'라 불러도 될 만큼 고기가 거대해서 굽는 데 시간이 좀 걸린다. 원초적이고 야생적인 모습에 눈이 먼저 호강을 누리고 뛰어난 육질에 입도 호사를 누린다. 살코기와 비계의 비율도 적당하다. 쌈장과 양배추, 겨자소스는 기본으로 제공되고 소금이나 기름장은 별도로 요청해야 한다. 성산왕갈비의 된장찌개는 고깃집 된장찌개(들척지근한 시판용 된장에 손톱만 한 두부와 애호박, 말라버린 바지락 두세 개 넣고 멀겋게 끓인)에 대한 선입견과 고정관념을 일거에 바꿔놓는다. 직접 담근 고품격 된장을 바탕으로 길차게 자란 느타리버섯이 커다란 뚝배기를 빽빽하게 메우고 있다. 고급 한식집의 메인 메뉴라고 해도 부족함이 없다. 달걀찜도 칭찬받아 마땅하다. 물을 넣어 농도를 묽힌, 흐릿한 달걀찜이 아니다. 뚝배기 절반 이하로 진하고 밀도 높게 형성돼 있다. 성산왕갈비의 돼지갈비와 된장찌개, 달걀찜이 힘을 모아 빚어내는 '화음'은 그 어떤 현악삼중주보다 큰 울림을 남긴다.

― Info ―

address 서울특별시 마포구 월드컵북로 233 성산시영아파트 내 상가 **tel** 02-306-2001
menu 돼지생왕갈비(1인분) 1만 4000원, 공깃밥 2000원

사라진 순댓국

PLACE 10

전통아바이순대

 산림동의 전통아바이순대에 대한 원고를 쓰기 며칠 전 비보가 날아들었다. 수십 년 동안 순대와 순댓국으로 수많은 사람들에게 위로를 건넸던 이 고마운 식당이 문을 닫게 됐다는 것. 마음이 쓰라려 마지막 날을 같이할 용기조차 나지 않았다. 절친한 경향신문 노정연 기자의 리포트는 임대료 상승과 주인장의 건강 문제 그리고 〈수요미식회〉 출연 이후 치러야 했던 유명세의 여파를 폐업의 원인으로 지목하고 있다.
 한동안 발길을 끊었던 터라 저간의 사정을 속속들이 알지는

못하나 그동안의 선례와 경험으로 미루어 어떤 상황이 이어졌을지 충분히 짐작이 간다. 사실 방송이 아니었으면 후미진 골목의 허름허름한 순댓집에 '어린' 손님들이 물밀 듯이 밀어닥치지는 않았을 것이다. 손님의 스펙트럼이 넓어진 점은 긍정적이겠으나 그 바람에 단골, 특히 발 빠르지 못한 어르신들은 뒷전으로 밀릴 수밖에 없었다. 감당하기 어려울 정도로 찾는 이가 많다보니 노포 특유의 노글노글한 분위기도 약해졌다. 순대와 부속 고기를 듬뿍 담은 모둠 안주 소(小) 자(7000원)가 사라진 것을 두고 '변했다', '초심을 잃었다', '돈 욕심 부린다' 등의 힐난이 일기도 했다. 나는 이해한다. 이참에 떼돈 벌려고 대(大) 자(1만 원)만 남긴 것이 아니라 산더미처럼 쌓여가는 일거리를 조금이나마 줄이기 위한 고육지책이었다는 것을.

　　방송에 나오고 손님들이 쏟아진다고 해서 매출이 급격하게 오르는 것만은 아니다. 오히려 줄어드는 경우도 발생한다. 마치 간판 사진만 필요하다는 듯이 살짝 들러 '간'만 보고 가는 사람들이 대다수를 차지하기 때문이다. 이제 더는 전통아바이순대의 결이 고운 순대와 속정 깊은 국물을 만날 수 없다. 애석하기 짝이 없지만 그들의 선택을 존중한다. 식당 골라주는 책에 문 닫은 집을 올리는 것은 그동안 받은 위로에 대한 감사의 표현이다. 이렇게나마 기억하고 싶다.

Info

서울특별시 중구 을지로 4가의 산림동 전통아바이순대는 30년 가까이 순대와 순댓국으로 사랑받아오다 2016년 7월 문을 닫았다.

Theme
10

고를
필요

없어요

흔히 "많은 메뉴 걸고 장사하는 데치고 맛있는 데 없다"고 한다. 예외가 있겠지만 기본적으로 동의한다. 차림표에 너무 많은 종류의 음식이 적혀 있으면 '과연 저 다양한 요리를 고르게 낼 수 있을까' 하는 염려와 불신이 스멀스멀 피어오른다. '결정 장애'가 있는 것은 아니지만 메뉴의 늪에서 갈팡질팡하기도 한다. 이번에 소개할 식당들은 한 가지에 집중하거나 특정 메뉴가 압도적이어서 좌고우면할 필요가 없는 곳들이다. 인생은 매 순간 선택의 연속이라는데, 먹을 때만큼이라도 좀 편해지자.

Theme 10

낯선 이름, 친근한 맛
PLACE 1

까꾸네 모리국수

구룡포 터줏대감인 까꾸네는 모리국수만 파는 단일 메뉴 식당이다. 업력이 반세기에 이른다. 모리국수는 뱃사람들의 추위와 허기를 달래주던 포항의 토속 음식. 이름은 낯설지만 맛과 모양새는 낯설지 않다.

일단 커다란 양은 냄비에 아귀, 열합(홍합의 경남 방언), 콩나물, 파, 마늘, 고춧가루 등을 넣고 10분 정도 끓인다. 그런 다음, 다른 냄비에서 익힌 국수를 섞어 한소끔 더 끓여낸다. 양은 푸짐하고, 맛은 화끈하다. 먹다보면 코에 땀이 송골송골 돋는다. 걸쭉한 국물이 식도에 붙어서 내려간다. 칼국수 면발은 냄비의 바닥이 보일 때까지 풀어지지 않고 정결한 품위를 유지한다. 구룡포 막걸리와 환상적인 마리아주를 이룬다. 2인분부터 판매하는데, 셈법이 좀 독특하다.

Info

address 경상북도 포항시 남구 구룡포읍 호미로 239-13 tel 054-276-2298
menu 모리국수 2인분 1만 2000원, 3인분 1만 6000원, 4인분 2만 원, 5인분 2만 5000원

쌈 싸먹는 김치찌개

PLACE 2

은주정

방산시장 안에 있는 은주정은 1986년 영업을 시작한 장안의 이름난 김치찌개집이다. 1인분에 8000원인 김치찌개의 양이 상당히 많다. 바닥이 깊은 냄비에 돼지고기가 무더기로 들어 있으며, 국물이 적당히 칼칼해서 밥과 함께 비벼 먹기 좋다. 밥은 큰 대접에 담겨 나온다.

    다른 김치찌개 전문점과 가장 대별되는 지점은 넉넉하게 제공되는 싱싱하고 다채로운 쌈 채소다. 주방 앞에 채소의 종류와 효능을 설명하는 큼지막한 천이 붙어 있다. 보글보글 끓는 찌개에서 고기를

건져 싸 먹으면 되는데, 물에 젖은 고기지만 꽤나 탄력 있다. 김치찌개에 무슨 반찬이 필요할까 싶지만 은주정의 호남식 밑반찬은 그냥 흘려버리기 아까울 만큼 진진하다. 식사량 조절이 쉽지 않다.

점심에는 김치찌개가, 저녁에는 김치찌개가 곁들여 나오는 삼겹살이 유일한 메뉴다.

Info

address 서울특별시 중구 창경궁로8길 32 tel 02-2265-4669
menu 점심: 쌈 싸먹는 김치찌개 1인분 8000원, 저녁: 삼겹살+김치찌개 1인분 1만 1000원

PLACE 3
해사랑전복마을

전복을 전문으로 하는 식당으로 죽, 회, 구이가 준비된다. 이 집과 전복의 인연이 남다르다. 주인아주머니의 시아버지가 민간인 최초로 전복 종묘를 생산했던 것. 한때는 전복의 대명사 완도에서도 종패를 사 갈 정도였다고 한다. 먹이 공급이 수월한 전남과는 달리 경남 남해군은 가두리양식이 어려운 상황이라 지금은 생산을 중단한 상태다.

    살아 있는 전복을 바로 썰어서 내오는 전복회는 젓가락으로 집을 때부터 탱탱함이 느껴진다. 입속에서 오도독오도독 씹는 재미가 쏠쏠하다. 취향 차이겠지만 초장보다 참기름에 찍어 먹어야 제맛이 난다. 내장은 진한 크림을 먹는 듯한 느낌이다. 비리거나 역한 기운이 전혀 없다. 직접 담근 매실과 함께 먹으면 맛도 풍성해지고, 내장에 들어 있는 소량의 독소 제거에도 도움이 된다. 전복 내장은 암수에 따라 색깔이 다르다. 암놈은 초록색을, 수놈은 노란색을 띤다.

    회가 강건하다면 통째로 구워 썰어내는 전복구이는 말랑말랑하고 여릿여릿하다. 칼집 낸 모양새가 마치 꽃이 핀 것 같다. 전복구이에는 익힌 내장도 올라가 있다. 주인아주머니는 "전복을 얇게 저며서 구우면 앞뒤 단면에 버터랑 참기름이 너무 많이 묻는다"고 말한다. 전복죽은 진한 풍미가 그만이다. 참고로 1kg에 10~12마리, 그러니까 100g 전후의 전복이 가장 맛있다.

Info

address 경상남도 남해군 미조면 미송로 193 **tel** 055-867-7571
menu 전복죽 1만 3000원(특 1만 6000원), 전복회 大 10만 원 · 中 7만 원, 전복구이 大 11만 원 · 中 7만 5000원, 2인 세트 메뉴(회+구이+죽) 10만 원

비빔밥 아래 깔린 두부탕국

PLACE 4

통영비빔밥

비빔밥으로 유명한 고장은 여럿이다. 대명사격인 전주비빔밥은 무척이나 화려하다. 윤기가 흐르는 밥에 갖은 나물과 소고기, 황포묵이 오른다. 나물을 볶지 않고 삶거나 데쳐서 사용하는 진주비빔밥은 한 뼘 더 부드럽다. 진해에는 해초비빔밥이 있다. 그릇 안에 강렬한 바다 향이 응축돼 있다.

　　통영시 도남동의 통영비빔밥은 다양한 종류의 비빔밥에 더해 씨개, 조림, 찜, 전골 등의 메뉴를 선보이는데 심사숙고할 필요 없이 상호와 같은 이름의 메뉴인 통영비빔밥이나 유곽비빔밥을 시키면 된다. 통영비빔밥 역시 나물이 주를 이룬다. 콩나물, 당근, 고사리, 시금치, 호박, 버섯, 두부 등 익숙하고 친숙한 재료가 들어간다. 방점은 함께 어우러지는 톳과 물미역에 찍힌다. 담백한 통영비빔밥에 마치 스타카토처럼 긴장감을 부여하고 발랄한 맛을 심어준다. 심심하다고 느껴질 때쯤 해조류로부터 한 떨기 바다 내음이 피어난다.

통영비빔밥에는 고추장을 넣지 않는 것이 좋다. 아무래도 고추장이 들어가면 재료들이 지닌 고유한 개성을 잃기 쉽다. 그런데 고추장이 없어도 통영비빔밥은 쓱쓱 잘 비벼진다. 비빔밥과 함께 나오는 두부탕국이 몇 숟가락 정도 밥 아래 깔려 있기 때문이다. 홍합과 바지락 등을 잘게 썰어 넣은 두부탕국은 시원하고 짭짤해서 간이 세지 않은 비빔밥과 궁합이 잘 맞는다. 때에 따라 문어가 합류하기도 한다. 유곽은 다진 개조개 살을 참기름, 된장, 파, 마늘 등의 양념에 버무려 볶은 통영의 전통 음식이다. 완성되면 단단한 조개껍질에 담아낸다. 양념 된 개조개 살에 김 가루와 상추를 곁들인 유곽비빔밥의 맛은 통영비빔밥보다 훨씬 더 즉각적으로 다가온다. 조갯살 씹는 느낌도 경쾌하다. 식당 주인은 "거제에서 들여오는 개조개는 주로 물살이 센 곳에서 서식한다"며 "사철 먹을 수 있지만 봄이 가장 맛있을 때"라고 일러준다. 이웃한 통영과 거제의 바다는 하나의 몸이다.

address 경상남도 통영시 발개로 138　**tel** 055-642-1467
menu 통영비빔밥 9000원, 유곽비빔밥 1만 원

'공룡 섬'의 환상적인 백반
PLACE 5

안나네민박

여수연안여객선터미널에서 뱃길로 1시간 30분가량 들어가면 사도에 도착한다. 배에서 내리면 두 마리의 거대한 공룡 모형이 환영 인사를 건넨다. 궁벽한 섬마을과 육중한 몸집의 공룡은 전혀 어울려 보이지 않지만 이런 '이상한 조합'에는 다 그만한 이유가 있다. 사도와 인근 섬들에서 3800여 개의 공룡 발자국이 발견됐던 것이다. 그 발자국들에는 지금으로부터 7000~8000만 년 전인 중생대 백악기를 지배했던, 몸길이 15미터에 몸무게 7톤 정도로 추정되는 티라노사우루스의 엄청난 하중이 실려 있다. 지구상에 존재한 가장 강력했던 육식 공룡은 이제 퇴적암에 패인 흐릿한 흔적으로만 남아 있을 뿐이다.

밥을 먹기 전 숙소에 짐을 풀고 섬 산책에 나섰다. 마을 둘레와 해안가를 따라 탐방로가 조성돼 있다. 일부 구간에는 넓적한 돌을 깔고 목책을 설치했을 만큼 공을 들인 흔적이 역력하다. 트레킹 도중 만난 아름드리 해송은 세월의 무게를 더 이상 감당하지 못해 인공 설치물의 부축을 받고 있었다. 길섶의 이름 모를 꽃들은 해풍에 간단없이 몸을 뒤척였다. 가지가 처진 소나무와 화사한 꽃은 살아온 시간의 축적된 양이 제가끔 달랐지만 사도의 아름다운 풍경에 각자의 몫만큼 힘을 보태고 있었다. 조붓한 길은 야산으로 이어진다. 산이라기보다 둔덕이라는 표현이 어울릴 만큼 키가 작지만 섬을 둘러싼 바다를 내려다보기에는 부족함이 없다. 해안에는 큼지막한 돌들이 널려 있다. 어떤 것들은 사람 키를 웃돌 정도로 기골이 장대하다. 멀리서 바라보면 둥글둥글한 돌들의 모습이 흡사 공룡 알을 닮은 것도 같다. 사실 사도에서 가장 좋았던 것은 '무위도식'이었다. 섬은 작았고 특출한 볼거리가 있는 것이 아니어서 종종걸음을 칠 필요가 없었다. 쫀쫀하게 짜인 시간의 그물코에서 벗어나 오랜만에 여유와 나른함으로 하루해를 지웠다. 민박집 마당에 놓인 평상에 누워 해조음을 음미하다 까무룩 잠이 들었고, 낮잠을 즐긴 후에는 숙소 근처 전방에서 맥주와 얼음과자를 사다 먹었다. 해가 저물 무렵에는 민박집 주인아주머니께 부탁해 서대회무침을 맛보기도 했다. 사도 최고의 맛은 섬의 또 다른 민박집에서 경험했다. 안나네민박에 들러 백반을 주문하니 열무김치, 갓김치, 깻잎, 머위대볶음, 군보무침, 김무침, 고등무침, 문어볶음, 조기구이 등이 줄줄이 상에 올랐다. 보는 것만으로도 입안 가득 침이 고였다. 맛은, 별 세 개를 받은 미슐랭 스타 셰프도 울고 갈 만큼 환상적이었다. 피겨스케이팅에 비유하자면 기술 점수와 예술 점수 모두 만점이었다. 섬에서 음식 솜씨 좋기로 소문난 김영이 씨가 차려낸 밥상에는 전라도의 손맛과 묵은 장맛 그리고 청정한 바다의 맛이 빈틈없이 어우러져 있다.

---*Info*---

address 전라남도 여수시 화정면 사도길 34-1 tel 061-666-9196 menu 백반 8000원

눈을 의심하게 되는 가게
PLACE 6

로타리식당

직접 받았던 이 집의 백반 상차림을 해부해보자. 꽃게된장국, 간장돌게장, 양념돌게장, 제육볶음, 풀치조림, 말린문어고추장조림, 간자미무침, 낙지젓갈, 메추리알조림, 오징어무생채, 갓김치, 배추김치, 얼갈이무침, 마늘초무침 등등. 공깃밥에 14가지의 음식이 포함된 백반의 가격이 얼마일 것 같은가? 맙소사, 6000원이다. '아무리 박리다매라지만 이렇게 헐한 가격에 팔아도 되는 것일까' 하는 생각이 떠나질 않는다. 게다가 부족하면 더 가져다준다. 쓸데없이 가짓수만 늘린 것 아니냐고? 절대 그렇지 않다. 아무렇게나 내는 음식이 하나도 없다. 두루두루 맛있다. 심지어 수많은 관광객이 몰리는 여수의 유명 식당에서 먹

은 게장보다 이 집 것이 더 나았다. 찬이 훌륭하고 풍성하니 공깃밥 추가는 당연지사. 아침 8시 가게 문을 열자마자 사람들이 들이닥친다.

address 전라남도 여수시 서교3길 2-1 **tel** 061-642-2156
menu 백반 6000원, 삼겹살 1만 원, 돼지갈비 1만 원, 오리불고기 3만 5000원

세 가지 방식으로 즐기는 갈치

PLACE 7

해녀식당 갯마을

성산일출봉 가까이 위치하고 있다. 메뉴는 식재료 수급 상황에 따라 그날그날 조금씩 달라지는데, 기본적으로 다양한 종류의 자연산 해산물을 감상할 수 있다. 끌리는 음식이 많겠지만 갈치회, 갈치구이, 전복, 소라, 물회 등으로 구성된 베스트 세트 메뉴에 초점을 맞추자. 산지 아니면 맛보기 어려운 싱싱한 갈치 요리를 여러 방식으로 즐길 수 있다. 은빛이 너울거리는 갈치회는 젓가락을 대기 미안할 정도로 고결한 자태를 뽐낸다. 워낙 선도가 좋기 때문에 생선 비린내는 조금

도 얼씬거리지 않는다. 갈치구이는 당일 잡은 생선이 주는 부드러움이 도드라진다. 구웠는데도 신선함이 느껴진다. 갈치 요리 삼총사 중 갈치물회의 존재가 가장 낯설 것이다. 톳을 비롯한 해초들이 수북하게 올라가 있는데, 과일을 갈아 넣었기 때문에 국물이 새금하고 상쾌하다. 소라죽도 좋다. 소라를 썰어 참기름에 볶다 불린 쌀을 넣고 다시 달달 볶는다. 맛은 진하고 쌀알은 탄력이 넘친다. 메뉴판에서는 또 너패국이라는 생경한 이름이 눈에 띈다. 아열대성 해조류인 너패(정확한 명칭은 넓패)에 전복, 조개, 톳, 된장을 넣고 끓여내는 음식이다. 맑은 된장국 느낌이 난다.

address 제주특별자치도 서귀포시 성산읍 일출로 264-6 (현재 위치에서 부근으로 이사한다는 이야기가 있기 때문에 사전에 반드시 확인해야 한다) tel 064-784-5755
menu 베스트 세트 메뉴(2인 기준, 갈치회＋갈치구이＋소라＋전복＋물회) 9만 원,
웰빙물회(갈치·광어·소라·전복·멍게 중 선택) 1만 5000원, 갈치조림(2인) 4만 5000원,
옥돔구이 2만 5000원, 너패국 1만 5000원

바다가 베푼 밥상

PLACE 8

송도호민박

통영여객선터미널에서 배로 약 1시간 거리에 우도가 있다. 인구라고 해봤자 20여 세대 30여 명에 불과한 아담한 섬이다.

송도호민박은 섬의 유일한 민박집이자 식당이다. 안주인 강남연 씨는 마을 어르신들을 세심하게 살펴 '우도의 딸'로 불린다. 부지런한 성품에 음식 솜씨도 특출하다. 점심시간 식당에 자리를 잡으면 기본적으로 미역, 가시리, 서실 등으로 차린 해조 밥상을 준비해준다. 톳을 넣고 지은 밥이 숭늉처럼 구수하다. 갯바위에서 직접 채취한 따개비와 거북손 등도 낸다. 거북손은 전복과 소라의 중간 정도로, 보들보들하면서도 쫀득한 맛을 지녔다. 겨울에 우도를 찾으면 제철 물메기와

학꽁치가 식탁의 중심을 잡아준다. 보통 무, 마늘, 파 등을 넣고 맑은 탕으로 끓여낸다. 통영의 청정 바다를 닮은, 그야말로 잡티 하나 없는 순정한 자연의 맛이다. 주둥이가 뾰족한 학꽁치를 토막 쳐서 넣은 김장 김치는 밥도둑 리스트에 새로 등재되어 마땅한 '공깃밥 잡는 귀신'이다.

Info

address 경상남도 통영시 욕지면 우도길 106 tel 055-642-6714
menu 해초비빔밥 1만 원

PLACE 9

청용횟집

창원시 진동면 고현리는 미더덕 양식으로 유명한 마을이다. 전국 생산량의 70% 정도를 담당한다. 실제 양식장의 규모가 어마어마하다. 1999년 이전까지는 굴 양식에 방해된다고 천덕꾸러기 취급을 받던 미더덕이지만, 지금은 마을 전체를 먹여 살리는 효자 상품이자 봄을 알리는 맛의 전령사로 사랑을 듬뿍 받고 있다. 미더덕은 3월부터 맛이 들기 시작해 4~5월 절정에 달한다. 4월, 마을에서는 미더덕 축제도 열린다. 미더덕 껍질을 까는 일은 여간 까다롭지가 않다. 안쪽 막을 터트리지 않은 채 꽃잎처럼 얇은 껍질을 벗겨내야 하기 때문이다. 강철로 만든 짧고 날카로운 전용 칼을 사용한다. 마을 주민들은 미더덕 철이 되면 하루 10시간씩 이 고단한 작업을 해낸다.

봄철 청용횟집을 찾았다면 당연히 미더덕을 이용한 회, 덮밥, 된장국, 전 등을 청해야 한다. 만년 조연이 아니라 당당한 주인공 역할이다. 미더덕회는 멍게보다 향이 진하지 않고 성게보다 느끼하지 않다. 먹어도 먹어도 물리지 않는다. 멍게의 향이 혈기 왕성한 20대라면 은은하고 잔잔하게 퍼지는 미더덕 향은 원숙한 40~50대에 비유할 수 있다. 어금니 위에서 와그작거리며 부서지는 미더덕 소리는 듣는 사람의 귀를 세차게 자극한다. 곱게 다진 생미더덕에 오이, 김, 달걀지단 등의 고명이 가세한 비빔밥은 양념장 없이도 촉촉하게 비벼진다. 방송 촬영 덕분이긴 하지만 메뉴판에 없는 미더덕찜도 먹어봤다. 고사리, 콩나물, 파, 양파, 당근, 마늘에 손질한 미더덕을 올려 살짝 쪄낸 다음 들깻가루와 쌀가루를 더하면 완성된다. 정월 대보름이 되면 마을 주민들이 모여 해 먹던 토속 음식이다. 횟집 주인장이 할머니 어깨너머로 배웠다는데, 언제까지 명맥이 유지될지는 알 수 없다.

Info

address 경상남도 창원시 마산합포구 진동면 미더덕로 341 **tel** 055-271-3515
menu 미더덕회 3만 원, 미더덕덮밥 1만 원, 미더덕전 1만 원

마지막 한 점까지 담백하다
PLACE 10

일미장어

우리나라는 장어 천국이다. 사철 가리지 않고 다양한 종류의 장어를 먹지만, 특히 여름철 기력 회복을 위해 많은 사람들이 찾는다. 굳이 가르마를 타자면 붕장어는 5~7월, 갯장어는 6~9월 그리고 민물장어는 6~8월이 제철이다.

일미장어는 장어 명가로 30년 넘게 입지를 다져온 집이다. 민물장어소금구이 하나에만 집중한다. 장어구이는 초벌 시 기름을 얼마나 잘 빼느냐가 중요한데, 이 집 사장님 장어 굽는 솜씨가 보통이 아니

다. 마지막 한 점까지 담백함을 유지한다. 간결하게 튀겨낸 장어뼈와 백김치, 무생채, 부추겉절이 등이 먼저 나오는데 민물새우와 빙어를 넣고 끓인 된장찌개는 일미장어의 또 다른 보석이다. 한 가지 주의할 점. 장어가 맛있다고 해서 한꺼번에 다 먹으면 안 된다. 조림장을 살짝 끼얹은 흰쌀밥에 부추를 듬뿍 넣고, 남은 장어 몇 점 올려 장어부추덮밥을 만들어야 하기 때문이다. 점심시간에는 장어덮밥만 별도로 주문할 수 있다.

Info

address 서울특별시 용산구 후암로57길 35-15 **tel** 02-777-4380
menu 장어구이정식 3만 원. 장어덮밥(점심 특선) 1만 5000원

식당 골라주는 남자의 테마별 식당 소개

INDEX

Theme 01

이거 먹고 속 풀어

place 1
목화식당
(소내장탕)

address
전라남도 구례군
구례읍 구례2길 33

tel
061-782-9171

menu
소내장탕 7000원

place 2
반룡산
(가릿국밥)

address
서울특별시 강남구
테헤란로78길 26 1층

tel
02-3446-8966

menu
가릿국밥 8000원(특 1만 원),
회냉면 8000원, 비빔냉면 8000원,
왕만두 7000원, 코다리찜 2만 2000
원, 가자미식해 2만 원

place 3
외포등대횟집
(대구탕)

address
경상남도 거제시
장목면 외포5길 68

tel
055-636-6426

menu
대구탕 1만 5000원

place 4
네거리식당
(갈칫국)

address
제주특별자치도
서귀포시
서문로29번길 20

tel
064-762-5513

menu
갈칫국 1만 3000원(특 2만 원),
갈치구이 2만 5000원,
옥돔구이(국내산) 3만 원,
성게미역국 1만 3000원

place 5
우래옥
(평양냉면)

address
서울특별시 중구
창경궁로 62-29

tel
02-2265-0151

menu
전통평양냉면 1만 3000원,
김치말이냉면 1만 3000원,
불고기(1인분, 150g) 3만 1000원

place 6
호동식당
(복국)

address
경상남도 통영시
새터길 47

tel
055-645-3138

menu
복국 1만 2000원,
특복국 2만 원

place 7
황평집
(닭곰탕)

address
서울특별시 중구
마른내로 74

tel
02-2266-6875

menu
닭곰탕 6000원(특 7000원),
닭찜 1만 5000원,
닭무침 1만 7000원,

place 8
기장식당
(가자미찌개)

address
부산광역시 해운대구
중동2로 5

tel
051-743-4944

menu
가자미찌개정식 1만 2000원
가자미물회 1만 5000원

place 9
일해옥
(콩나물국밥)

address
전라북도 군산시
구영7길 19

tel
063-443-0999

menu
콩나물국밥 5000원

place 10
황금콩밭
(두부젓국)

address
서울특별시 마포구
굴레방로 3

tel
02-313-2952

menu
생두부 1만 원,
두부젓국 1만 8000원,
두부짜글이 7000원

Theme 02 국수 먹고 갈래?

	place	address	tel	menu
place 1	골막식당 · 파도식당 (고기국수 & 멸치국수)	골막식당: 제주특별자치도 제주시 천수로 12 파도식당: 제주특별자치도 제주시 성지로 68-1	골막식당: 064-753-6949 파도식당: 064-753-3491	골막식당: 골막국수 5000원, 골막곰빼기 6000원, 수육 1만 5000원 파도식당: 멸치국수 4500원, 고기국수 5000원, 비빔국수 6000원
place 2	가케쓰무라 (우동)	서울특별시 서대문구 명지대길 72	없음	가케우동 7000원, 붓가케우동 8000원, 유자우동 7000원, 가마타마우동 7000원, 시오다래돼지 2000원, 아지다마고 1000원, 기츠네 유부조림 1000원
place 3	신성각 (짜장면)	서울특별시 마포구 임정로 55-1	02-716-1210	짜장면 5000원, 간짜장 6000원, 곱빼기 1000원 추가, 만두 4000원, 탕수육 1만 5000원
place 4	원조동곡 할매손칼국수 (손칼국수)	대구광역시 달성군 하빈면 달구벌대로 55길 104-4	053-582-0278	손국수 5000원, 수육 1만 5000원, 알뽕 1만 2000원, 섞어서 1만 5000원
place 5	성천막국수 (막국수)	서울특별시 동대문구 전농로 48	02-2244-5529	물막국수 5500원, 비빔막국수 6000원, 물막국수정식 8000원, 비빔막국수정식 8500원, 제육 1만 원(반접시 5000원)
place 6	진우네집국수 (멸치국수)	전라남도 담양군 담양읍 깩시3길 32	061-381-5344	멸치국수 4000원, 비빔국수 4000원, 삶은 달걀(3개) 1000원
place 7	백운봉막국수 (막국수)	서울특별시 강남구 언주로93길 30	02-554-5155	막국수(동치미·비빔·들기름) 8000원, 막정식 1만 2000원, 이베리코 흑돼지목살 1만 2000원
place 8	선흘방주 할머니식당 (콩국수)	제주특별자치도 제주시 조천읍 선교로 212	064-783-1253	두부 한 접시 8000원, 검정콩국수 8000원, 묵비빔밥 7000원
place 9	하단 (메밀냉칼국수)	서울특별시 성북구 성북로6길 14	02-764-5744	메밀냉칼국수 8000원, 녹두지짐 7000원, 만둣국 8000원
place 10	황해냉면 (냉면)	경기도 연천군 왕징면 68-3	031-833-7470	물냉면 7000원, 비빔냉면 7000원, 곱빼기 8000원, 사리 2000원, 편육 1만 5000원, 메밀꿩찐만두 6000원

Theme 03   우리 곁에 남아줘서 고마워

place	address	tel	menu
place 1 수복빵집 (찐빵집)	경상남도 진주시 촉석로201번길 12-1	055-741-0520	찐빵 4개 3000원, 꿀빵 5개 5000원, 단팥죽 6000원, 팥빙수 6000원
place 2 대성집 (도가니탕집)	서울특별시 종로구 사직로 5	02-735-4259	도가니탕 1만 원(특 1만 3000원), 수육 2만 2000원, 해장국 6000원
place 3 삼산옥 ・왕대포 (김치찌개집 & 대폿집)	삼산옥:전라북도 진안군 백운면 임진로 1325-3 왕대포집:전라북도 진안 군 진안읍 진무로 1098-2	삼산옥: 063-432-4568	삼산옥: 김치찌개, 돼지두루치기 왕대포집: 막걸리 3000원, 두부 4000원
place 4 홍룽각 (중국집)	서울특별시 동대문구 약령시로 90	02-969-7787	육미짜장 5500원, 잡채밥 7700원, 삼선짬뽕 1만 2000원, 라조육 1만 7000원
place 5 팬더하우스 (분식집)	강원도 춘천시 명동길 49	033-256-0920	튀김만두 3000원, 떡볶이 3000원, 쫄볶이 4000원
place 6 호반 (한식집)	서울특별시 종로구 삼일대로26길 20	02 745-6618	우거지탕 6000원, 콩비지 6000원, 순대 大 3만 원・中 2만 원, 병어쉼 大 4만 5000원・中 3만 5000원, 서산강 굴 3만 원, 낙지볶음 3만 원
place 7 장수보쌈 (보쌈집)	서울특별시 중구 동호로 378-2	02-2272-2971	보쌈 1만 7000원, 보쌈백반 9500원
place 8 행운집 (국숫집)	전라북도 임실군 강진면 호국로 14-12	010-4364-1094	물국수 3000원, 비빔국수 3500원, 콩국수 4000원, 팥칼국수 4000원, 김치수제비 4000원, 다슬기칼국수 6500원
place 9 삼우일식 (횟집)	서울특별시 중구 을지로35길 52	02-2266-7457	메뉴판에는 모둠회와 광어회 가격이 적혀 있지 않다. 모둠회의 경우 소 (小) 자가 10만 원인데, 2명이 가면 8만 원에 맞춰준다.
place 10 성식당 ・쑥굴레 (떡갈비 & 쑥굴레)	성식당:전라남도 목포 시 수강로4번길 6 쑥굴레:전라남도 목포 시 영산로59번길 43-1	성식당: 061-244-1401 쑥굴레: 061-244-7912	성식당: 떡갈비 2만 2000원, 갈비탕 1만 1000원 쑥굴레: 쑥굴레 5000원

Theme 04   내 집 앞에 있으면 좋겠어

place 1 류지 (솥밥집)	**address** 서울특별시 마포구 포은로 11	**tel** 02-338-9759	**menu** 오늘의 메뉴 1만 2000원
place 2 부흥식육식당 (석쇠구이집)	**address** 경상북도 상주시 남적로 6-75	**tel** 054-532-6966	**menu** 석쇠구이 1만 6000원, 소금구이 1만 8000원, 공깃밥 1000원
place 3 백여상회 (김치찌개집)	**address** 전라북도 완주군 구이면 백여리	**tel** 063-221-6315	**menu** 김치찌개 6000원
place 4 이자카야 로바다야 카덴 (이자카야)	**address** 서울특별시 서대문구 연희로 173 거화빌딩	**tel** 02-337-6360	**menu** 모둠회 大 7만 5000원·中 4 만 8000원·小·3만 2000원, 옥돔구 이 2만 8000원, 은어구이 2만 원, 닭다리살포고가지튀김 2만 3000원, 나가사키짬뽕 2만 2000원
place 5 처갓집 (평안도 음식집)	**address** 서울특별시 중구 동호로11가길 22	**tel** 02-2235-4589	**menu** 전만두 5000원, 백숙 2만 원, 막국수 6000원, 만둣국(겨울 메뉴) 6000원
place 6 영광식당 ·대인분식 (순댓국 & 국숫집)	**address** 대인시장: 광주광역시 동구 제봉로194번길 7-1 대인시장 제1주차장	**tel** 영광식당: 062-222-5048 대인분식: 062-226-4493	**menu** 영광식당: 국밥 특 7000원· 보통 6000원, 국수 5000원 대인분식: 멸치국수 2000원, 찹쌀도넛 4개 1000원
place 7 김진환제과점 (빵집)	**address** 서울특별시 마포구 와우산로32길 41	**tel** 02-325-0378	**menu** 우유식빵 3300원, 밤빵 2800원, 아몬드소보로빵 1500원, 호두모카빵 3300원
place 8 애성회관 한우곰탕 (곰탕집)	**address** 서울특별시 중구 남대문로5길 23 세창빌딩	**tel** 02-352-0303	**menu** 곰탕 8000원(특 1만 원), 수육 4만 5000원, 콩국수(여름 한정 메뉴) 8000원
place 9 시장탕수육 (탕수육집)	**address** 서울특별시 관악구 신원로 23	**tel** 02-866-3995	**menu** 탕수육 3000원
place 10 망원동즉석우동 (우동집)	**address** 서울특별시 마포구 동교로 83	**tel** 02-336-1330	**menu** 즉석우동 5000원, 어묵우동 6000 원, 어묵 5000원, 돈가스 8000원

Theme 05　　　　　　　　　　　　　내가 가는 길이 맛이다

place 1
무삼면옥
(냉면)

address
서울특별시 마포구
마포대로12길 50
tel 없음

menu 100% 메밀냉면(물/비빔) 보통 1만 1000원·小 8000원·大 1만 5000원, 50% 메밀냉면(물/비빔) 보통 9000원·小 6000원·大 1만 3000원, 강황완자만두 5000원, 매운호박만두 1만원, 돼지수육 반(150g) 1만 원, 돼지수육(300g) 2만 원, 수육(한우 200g) 2만 5000원

place 2
중동구판장
(치킨)

address
전라남도 구례군
산동면 상관1길 19

tel
061-783-1333

menu
치킨 1만 5000원

place 3
신비섬
(해계탕)

address
경상북도 울릉군 울릉읍
울릉순환로 592

tel
054-791-4460

menu
해계탕 20만 원, 모둠회 大 12만 원·中 10만 원·小 8만 원, 물회 1만 5000원, 전복물회 2만 원, 문어두루치기 5만 원

place 4
부암갈비
(돼지갈비)

address
인천광역시 남동구
용천로 149

tel
032-425-5538

menu
생갈비 1만 5000원,
돼지갈비 1만 5000원,
젓갈볶음밥 3000원

place 5
김설문일식
(튀김)

address
서울특별시 중구
남대문로1길 26-10

tel
02-774-3631

menu
튀김 A코스 3만 5000원,
모둠튀김 3만 원

place 6
41번 포차
(포장마차)

address
전라남도 여수시
봉산남3길 17

tel
061-642-8820

menu
선어모둠 大 6만 원·中 5만 원·小 4만 원, 금풍생이구이 3만 원, 서대조림 3만 원, 숯불닭발 2만 5000원

place 7
로칸다 몽로
(무국적 술집)

address
서울특별시 마포구
잔다리로7길 18
지하 1층
tel 02-3144-8767

menu
몽로식 광어무침 2만 2000원, 문어샐러드 2만 8000원, 바칼라 2만 원, 박찬일식 닭튀김 2만 3000원, 곱창과 소힘줄찜 3만 2000원, 가지치즈구이 1만 6000원, 콰란타파스타 2만 5000원, 명란스파게티 1만 9000원, 티라미수 1만 2000원

place 8
멍게가
(멍게요리)

address
경상남도 통영시
동충4길 25

tel
055-644-7774

menu
멍게비빔밥 1만 원, 멍게회 시가, 멍게비빔밥세트 1만 3000원, 멍게요리세트 2만 3000원

place 9
노부
(소바)

address
서울특별시 종로구
필운대로2길 23
tel 02-3210-4107

menu
소바(냉) 9000원, 소바(온) 1만 원, 육소바(냉) 1만 2000원, 육소바(온) 1만 3000원, 마소바(냉) 1만 4000원, 마소바(온) 1만 5000원, 낫토소바 1만 3000원, 달걀 덮은 소바 1만 1000원

place 10
복수청정한우
(한우와 약초)

address
충청남도 금산군
복수면 참물내기길 20

tel
041-751-2403

menu
주인이 알아서 3만 3000원, 한우 등심 2만 9000원, 한우 특선 2만 9000원, 능이버섯전골 5만 원, 산들비빔밥 7000원

Theme 06 술 한잔 당기는 날

place 1 문화포차	**address** 서울특별시 영등포구 당산로32길 12	**tel** 02-2675-0485	**menu** 산문어 2만 원, 백합찜 3만 원, 참소라 3만 원, 홍해삼 3만 원, 멍게 3만 원
place 2 효자동목고기	**address** 본점:서울특별시 종로구 삼 일대로20길 19 서광빌딩 강남점:서울특별시 강남구 선 릉로660 브라운스톤 레전드	**tel** 본점: 02-737-7989 강남점: 02-543-7989	**menu** 목고기 1만 6000원, 오겹살 1만 6000원, 가브리살 1만 6000원, 껍 데기 6000원, 묵은지 김치찌개 大 2 만 원·小 9000원, 멸치국수 4000원
place 3 원조녹두	**address** 서울특별시 중구 을지로11길 26-2	**tel** 02-2277-0241	**menu** 고추전 1만 원, 동그랑땡 1만 원, 고기녹두 8000원, 해물파전 9000원
place 4 물보라다찌	**address** 경상남도 통영시 동충4길 48	**tel** 055-646-4884	**menu** 기본(2인 기준, 소주 3병 또는 맥주 5병) 6만 원, 추가 시 소주1 병 1만 원, 맥주 1병 6000원
place 5 마라톤집	**address** 부산광역시 부산진구 가야대로784번길 54	**tel** 051-806-5914	**menu** 마라톤 1만 3000원, 재건 1만 3000원, 어묵 1만 5000원
place 6 기분	**address** 서울특별시 서초구 사평대로57길 72	**tel** 070-4383-5659	**menu** 볼락구이 1만 8000원, 말캉해삼 1 만 5000원, 닭연골튀김 1만 2000원, 오이홀릭 5000원
place 7 조개생선구이 전문점	**address** 강원도 동해시 일출로 91	**tel** 033-533-9289	**menu** 모둠생선구이정식 1만 원
place 8 락희옥	**address** 서울특별시 중구 을지로 88 을지로2구역 지하쇼핑	**tel** 02-772-9797	**menu** 보쌈 3만 원, 육전 3만 5000 원, 육회 2만 5000원, 차돌박이구이 3만 원, 문어숙회 4만 원, 성게알 3 만 원, 만재도 거북손 3만 5000원, 소맥 3000원
place 9 통일집	**address** 서울특별시 중구 충무로 68-12	**tel** 02-2273-0824	**menu** 한우 등심 3만 5000원, 된장찌개 1만 원(점심 메뉴 된장찌 개는 6000원)
place 10 남양수산	**address** 제주특별자치도 서귀포시 성산읍 고성동서로56번길 11	**tel** 064-782-6618	**menu** 고등어회 5만 원, 참돔회 6만 원

Theme 07 — 혼자라도 괜찮아

place 1 지구당 (덮밥)	**address** 서울특별시 관악구 관악로12길 5	**tel** 02-883-9929	**menu** 소고기덮밥 6000원, 닭고기덮밥 7000원, 반숙 달걀 1000원, 생맥주 2000원, 기린 병맥주 4000원, 콜라 1000원
place 2 철길떡볶이 (분식)	**address** 서울특별시 서대문구 충정로 35-6	**tel** 02-364-3440	**menu** 떡볶이 2000원, 순대 2500원, 라면 2500원, 김밥 800원, 달걀 2개 1000원, 어묵 2개 1000원, 튀김만두 3개 1000원, 김말이튀김 2개 1000원, 못난이튀김 2개 1000원
place 3 진일기사식당 (백반)	**address** 전남 순천시 승주읍 신성리 963	**tel** 061-754-5320	**menu** 김치찌개백반 8000원
place 4 OB베어 (생맥주)	**address** 서울특별시 중구 을지로13길 19	**tel** 02-2264-1597	**menu** 생맥주 3000원, 노가리 1000원, 번데기 4000원, 쥐포 2000원, 칼슘멸치 1000원, 땅콩 1000원, 소시지 2000원, 컵라면 2000원
place 5 청진옥 (해장국)	**address** 서울특별시 종로구 종로 19 르메이에르종로타운-1 tel 02-735-1690		**menu** 해장국 1만 원(특 1만 2000원), 안주국 1만 3000원, 따구국 2만 3000원, 내장수육 2만 8000원, 수육+내포 3만 3000원, 모둠수육 3만 5000원, 빈대떡 1만 5000원, 고추전 1만 8000원, 동그랑땡 1만 8000원, 모둠전 2만 원
place 6 이천냥 (김밥)	**address** 서울특별시 종로구 신문로2가 15	**tel** 02-734-2084	**menu** 웰빙김밥 2000원, 오징어김밥 2500원, 떡갈비김밥 3500원, 국물 500원
place 7 라멘 베라보 (라멘)	**address** 서울특별시 마포구 동교로 67 삼운빌딩	**tel** 02-338-3439	**menu** 베라보시오 7000원, 베라보시오특선 9000원, 베라보쇼유 8000원, 베라보쇼유특선 1만 원, 생맥주 2000원, 온천달걀 1000원, 면 추가(대) 1000원
place 8 이조식당 (콩나물비빔밥)	**address** 서울특별시 중구 청파로103길 33	**tel** 02-365-5993	**menu** 콩나물비빔밥 3000원, 잔치국수 3000원, 콩국수 4000원
place 9 수원집 (밴댕이회)	**address** 인천광역시 중구 차이나타운로52번길 16	**tel** 032-766-7540	**menu** 밴댕이회 1만 원, 병어회 1만 5000원, 광어회 2만 원
place 10 순대실록 (순대)	**address** 서울특별시 종로구 동숭길 127 우성빌딩	**tel** 02-742-5338	**menu** 순대스테이크 1만 4000원, 순대국밥 7000원(특 9000원)

Theme 08 — 불편해도 괜찮아

place 1 부부청대문 (해장국)	**address** 서울특별시 중구 장충단로10길 18	**tel** 02-2273-6772	**menu** 특미해장국 1만 9000원
place 2 용문원조 능이버섯국밥 (국밥)	**address** 경기도 양평군 용문면 용문역길 12	**tel** 010-9386-0022	**menu** 버섯칼국수 5000원, 버섯따로국밥 7000원, 능이국밥 1만 원, 능이버섯전골 1만 원
place 3 즉석우동국수 (우동)	**address** 서울특별시 서대문구 통일로 40길 5	**tel** 02-391-3319	**menu** 우동국수 3000원, 꼼장어 8000원, 오도독뼈 6000원, 닭똥집 6000원, 오징어 6000원
place 4 앞바당 (붕장어)	**address** 제주특별자치도 서귀포시 보목로70번길 8	**tel** 064-732-9310	**menu** 붕장어(1kg) 3만 3000원
place 5 두암식당 (삼겹살)	**address** 전라도 무안군 몽탄면 우명길 52	**tel** 061-452-3775	**menu** 짚불구이(200g) 1만 2000원, 게장비빔밥 4000원
place 6 진흥각 (짬뽕)	**address** 충청남도 공주시 감영길 20	**tel** 041-855-4458	**menu** 짜장면 6000원, 짬뽕 6500원, 짬뽕밥 7000원, 곱빼기 +1000원
place 7 상주식당 (추어탕)	**address** 대구광역시 중구 국채보상로 598-1	**tel** 053-425-5924	**menu** 추어탕 8000원 (밥 없이 탕만 먹으면 7000원, 추가 공깃밥 무료)
place 8 연남서식당 (소갈비)	**address** 서울특별시 마포구 백범로2길 32	**tel** 02-716-2520	**menu** 소갈비(1대 150g) 1만 5000원
place 9 신발원 (중국집)	**address** 부산광역시 동구 대영로243번길 62	**tel** 051-467-0177	**menu** 고기만두 5000원, 물만두 5000원, 군만두 5000원, 콩＋과 자 3000원, 월병 3000원, 공갈빵 1200원, 꽈배기 1200원, 커빙 1200원, 팥빵 1000원
place 10 원효로 (선술집)	**address** 서울특별시 용산구 백범로 330	**tel** 02-702-4550	**menu** 생연어회 1만 2000원, 소등심구이 1만 5000원, 관자볶음 1만 5000원, 두부 1만 원, 어묵탕 1만 원

Theme 09 — 위로가 필요해

place 1 여로집 (오징어볶음)	**address** 서울특별시 영등포구 영중로10길 26	**tel** 02-2678-8934	**menu** 오징어볶음 大 3만 5000원·中 2만 3000원·小 1만 8000원, 달걀찜 9000원
place 2 맛골집 (감자탕)	**address** 서울특별시 종로구 자하문로1길 12	**tel** 02-739-1244	**menu** 감자탕 大 2만 5000원·中 2만 2000원·小 1만 8000원, 곱창(1인분) 8000원, 사리(라면, 쫄면) 1000원
place 3 동아식당 (가오리찜)	**address** 전라남도 구례군 구례읍 봉동길 3	**tel** 061-782-5474	**menu** 가오리찜 大 3만 원·小 2만 원
place 4 마약고기 (가브리살)	**address** 서울특별시 동대문구 왕산로 94-2	**tel** 02-927-2992	**menu** 가브리살 1만 2000원, 주먹고기 1만 1000원, 목항정살 1만 2000원, 돼지껍데기(2장) 8000원, 양송이버섯 5000원
place 5 옛집식당 (육개장)	**address** 대구광역시 중구 달성공원로6길 48-5	**tel** 053-554-4498	**menu** 육개장 8000원
place 6 제일꽃게장 (게장백반)	**address** 충청남도 당진시 백암로 246	**tel** 041-353-6379	**menu** 게장백반 2만 3000원, 꽃게탕 大 7만 1000원·中 5만 8000원·小 4만 1000원
place 7 건일배 (중식 컵)	**address** 서울특별시 서대문구 연희맛로 29	**tel** 02-333-1009	**menu** 녹두먼두칭 1만 5000원, 해파리냉채 1만 5000원, 회과육 1만 5000원, 등갈비튀김 2만 5000원, 볶음밥 6000원
place 8 광주식당 (냄비 밥)	**address** 서울특별시 동대문구 홍릉로1길 21-6	**tel** 02-969-4403	**menu** 청국장 5000원, 된장찌개 5000원, 김치찌개 6000원, 동태찌개 6000원, 갈치조림(2인분) 1만 6000원
place 9 성산왕갈비 (돼지생왕갈비)	**address** 서울특별시 마포구 월드컵북로 233 성산시영아파트 내 상가	**tel** 02-306-2001	**menu** 돼지생왕갈비(1인분) 1만 4000원, 공깃밥 2000원
place 10 전통아바이순대	**address**	**tel**	**menu** 서울특별시 중구 을지로 4가의 산림동 전통아바이순대는 30년 가까이 순대와 순댓국으로 사랑받아오다 2016년 7월 문을 닫았다.

Theme 10   고를 필요 없어요

place 1
까꾸네 모리국수
(모리국수)

address
경상북도 포항시
남구 구룡포읍
호미로239-13

tel
054-276-2298

menu
모리국수 2인분 1만 2000원,
3인분 1만 6000원, 4인분 2만 원,
5인분 2만 5000원

place 2
은주정
(김치찌개)

address
서울특별시 중구
창경궁로8길 32

tel
02-2265-4669

menu
점심: 쌈 싸먹는 김치찌개 1인분
8000원, 저녁: 삼겹살+김치찌개 1
인분 1만 1000원

place 3
해사랑전복마을
(전복요리)

address
경상남도 남해군
미조면 미송로 193

tel
055-867-7571

menu 전복죽 1만 3000원(특 1만
6000원), 전복회 中 7만 원·大 10만
원, 전복구이 中 7만 5000원·大 11
만 원, 2인 세트 메뉴(회+구이+죽)
10만 원

place 4
통영비빔밥
(비빔밥)

address
경상남도 통영시
발개로 138

tel
055-642-1467

menu
통영비빔밥 9000원,
유곽비빔밥 1만 원

place 5
안나네민박
(백반)

address
전라남도 여수시
화정면 사도길 34-1

tel
061-666-9196

menu
백반 8000원

place 6
로타리식당
(백반)

address
전라남도 여수시
서교3길 2-1

tel
061-642-2156

menu
백반 6000원, 삼겹살 1만 원,
돼지갈비 1만 원,
오리불고기 3만 5000원

place 7
해녀식당 갯마을
(자연산
해산물요리)

address
제주특별자치도
서귀포시 성산읍
일출로 264-6
tel 064-784-5755

menu
베스트 세트 메뉴(2인 기준, 갈치회+갈치구이+소라+전
복+물회) 9만 원, 웰빙물회(갈치·광어·소라·전복·멍게 중
선택) 1만 5000원, 갈치조림(2인) 4만 5000원, 옥돔구이
2만 5000원, 녀패국 1만 5000원

place 8
송도호민박
(해초비빔밥)

address
경상남도 통영시
욕지면 우도길 106

tel
055-642-6714

menu
해초비빔밥 1만 원

place 9
청용횟집
(미더덕요리)

address
경상남도 창원시
마산합포구 진동면
미더덕로341

tel
055-271-3515

menu
미더덕회 3만 원,
미더덕덮밥 1만 원,
미더덕전 1만 원

place 10
일미장어
(장어요리)

address
서울특별시 용산구
후암로57길 35-15

tel
02-777-4380

menu
장어구이정식 3만 원,
장어덮밥(점심 특선) 1만 5000원

식당
골라
주는
남자

초판 1쇄 발행 2016년 12월 25일
초판 3쇄 발행 2018년 12월 25일

지은이 | 노중훈
발행인 | 이원주

임프린트 대표 | 김경섭
기획편집 | CASA LIBRO
일러스트 | 박하나
기획편집팀 | 정은미 · 권지숙 · 정인경 · 송현경
디자인 | 정정은 · 김덕오
마케팅 | 윤주환 · 어윤지 · 이강희
제작 | 정웅래 · 김영훈

발행처 | 지식너머
출판등록 | 제2013-000128호
주소 | 서울특별시 서초구 사임당로 82 (우편번호 137-879)
문의전화 | 편집 (02) 3487-1650, 영업 (02) 2046-2800

ISBN 978-89-527-7759-1 13980

이 책의 내용을 무단 복제하는 것은 저작권법에 의해 금지되어 있습니다.
파본이나 잘못된 책은 구입하신 곳에서 교환해드립니다.